RÉSUMÉS FACILES

des œuvres au programme

PRÉPA SCIENTIFIQUE

Thème 2022-2023

LE TRAVAIL

HK

PrépaUp
Mieux vivre ses études

ISBN : 978-2-35141-392-0

Sommaire

Introduction

Ce livre est principalement destiné aux **étudiants de prépa scientifique** qui doivent étudier le thème « Le travail » en Français-Philosophie (année scolaire 2022/2023). Mais rien n'empêche les curieux d'apprendre de nouvelles choses et d'étoffer leur culture générale.

L'objectif est de t'aider à mieux comprendre les œuvres au programme avec des résumés simples et ludiques.

En effet, les livres sont parfois difficiles à lire : tu peux tomber sur des textes écrits en vieux français avec des tournures de phrase indéchiffrables, ou encore rencontrer du **vocabulaire philosophique difficile** à appréhender. Et ça devient encore plus invivable si tu es fâché avec la littérature, par exemple, si **tu n'aimes pas lire**, ou si **tu ne comprends rien à cette matière**.

Cette situation est souvent frustrante : tu sais que tu dois lire les œuvres, mais tu n'arrives pas à t'y mettre sérieusement...

Finalement, beaucoup laissent tomber, abandonnent la lecture des œuvres et terminent leur DM de math pendant le cours de Français-Philosophie. Pourtant, le Français-Philosophie « pèse » beaucoup aux concours. En effet, **les coefficients de cette matière représentent 10 à 20% de la note finale** en fonction des filières.

Conséquence : tous les ans, beaucoup ratent leur admission car ils ont négligé cette matière... Forcément, savoir que l'on peut échouer à cause d'une simple dissertation peut rajouter un stress supplémentaire (voire même de l'anxiété). Et franchement, tu pourrais largement t'en passer : la prépa est déjà bien assez stressante comme ça !

Il est donc vital de te débloquer sur cette matière pour te sentir plus à l'aise et plus confiant pour les concours.

Pour cela, il faut revenir à la racine du problème : si tu n'arrives pas à avancer en Français-Philosophie, c'est que tu n'as pas la bonne approche. Cela peut venir d'un mauvais état d'esprit, de lacunes, ou alors d'un manque de méthode et d'organisation.

La bonne nouvelle, c'est que tu n'as pas besoin de devenir un prodige de la littérature pour réussir. Le tout est de travailler efficacement cette matière, et d'optimiser ton temps en te focalisant sur ce qui va te faire gagner des points. Si tu as des lacunes ou des difficultés, le mieux est de commencer par des **ressources vulgarisées**. Ça tombe bien, tu es au bon endroit 😉

Le livre que tu tiens entre les mains a été spécialement conçu pour t'aider à comprendre les œuvres au programme avec :

- des résumés structurés pour te repérer rapidement,
- des mots simples pour faciliter la lecture et la compréhension,
- de petites touches ludiques pour rendre l'apprentissage plus plaisant.

En bonus, tu pourras retrouver des conseils pour adopter le bon état d'esprit et pour travailler le plus efficacement possible !

Qui sommes-nous ?

Je m'appelle Florian, je suis passé par une prépa scientifique, et j'ai intégré les Arts et Métiers en 2016. Au début, j'ai très mal vécu ma prépa. Pour m'en sortir, j'ai cherché des solutions : techniques d'apprentissage, gestion du stress, méthodes de travail et d'organisation. Avec ces outils, j'ai réussi à surpasser mes difficultés, et même à ressentir du bien-être au quotidien. La prépa me semblait beaucoup moins difficile, et j'ai réussi à intégrer l'école de mes rêves.

Suite à cette expérience, je suis arrivé au constat suivant : dans le système éducatif actuel, nous n'apprenons pas comment apprendre, comment se motiver, comment s'organiser, comment gérer notre stress et nos émotions. Pourtant, ce sont des compétences essentielles, d'autant plus en prépa. C'est à ce moment que j'ai eu le désir profond de démocratiser cela auprès des étudiants et d'aider les taupins à surpasser les difficultés de la prépa. PrépaUp est née.

Ces dernières années, je fais principalement de la vulgarisation en Français-Philosophie car beaucoup d'étudiants en difficulté me demandaient de l'aide sur cette matière. Pourtant, à la base, la littérature n'est vraiment pas mon fort : je tournais autour de 5 de moyenne au lycée. Cela m'a poussé à **comprendre le fonctionnement des épreuves** et à me focaliser sur **l'essentiel pour gagner des points**. De cette manière, j'ai fait décoller mes résultats en prépa en arrivant autour de 14 sur mes dissertations. Finalement, mes anciennes difficultés sont aujourd'hui un atout pour enseigner : je connais exactement les obstacles que tu peux rencontrer, ce qui me permet d'avoir des explications claires et compréhensibles.

De plus, je suis accompagné d'une petite équipe pour garantir la qualité du contenu ! En voici un aperçu :

Julien est rédacteur indépendant, et c'est lui qui rédige la majorité des contenus de Français-Philosophie (comme les résumés présents dans ce livre). Son parcours atypique (Bac scientifique, puis prépa littéraire) fait de lui un très bon vulgarisateur dans cette matière.

Un professeur de prépa (qui a voulu garder l'anonymat) vérifie les contenus. Petit bonus : il est correcteur aux concours, et il nous fournit des informations très intéressantes.

Une équipe de graphistes et designers apporte nt une touche de couleur au contenu. Les illustrations permettent de faciliter la compréhension et de rendre l'apprentissage plus ludique.

Plusieurs personnes supplémentaires interviennent dans les étapes de création (correcteur orthographique, ingénieur pédagogique, assistant opérationnel...)

Mon rôle est d'organiser le projet, et de m'assurer que le contenu soit clair, ludique et pédagogique. J'apporte aussi mon expertise sur la matière (les astuces pour gagner des points), je tourne les vidéos, et j'élabore les parcours pédagogique pour que tu puisses progresser le plus rapidement possible.

Notre mission est de te faciliter la tâche pour être plus serein avec le Français-Philosophie. J'espère que pendant ta lecture, tu pourras être fier de comprendre de nouvelles choses, voire même de prendre goût à cette matière.

Conseils avant de lire les résumés

Tu pourrais être tenté de te lancer directement dans la lecture des résumés. C'est une très bonne intention, mais ce n'est clairement pas la stratégie la plus optimale.

Donc avant de commencer, voici quelques conseils pour être le plus efficace possible dans ton apprentissage.

Vaincre la procrastination et passer à l'action

Personnellement, la procrastination était un problème récurrent. J'achetais des livres et des manuels scolaires car je savais que ça allait m'aider. Et j'étais motivé et enthousiaste à l'idée de travailler dessus ! Mais une fois l'euphorie de l'achat passée, je ne prenais pas le temps de les lire... Finalement, tous ces livres s'entassaient sur mon étagère et ne servaient qu'à prendre la poussière.

Évidemment, tu sais déjà que les connaissances ne transpercent pas les pages. **Et acheter ce livre ne te donnera pas de résultats si tu**

ne t'en sers pas. On en arrive donc au premier conseil « bateau » : pour progresser, il faut travailler avec régularité. En effet, il faudra au minimum lire ce bouquin. Oui, c'est d'une évidence déconcertante. Mais en pratique, ce n'est pas toujours facile de s'y tenir et de prendre du temps pour lire régulièrement.

Mais alors comment faire pour vaincre la procrastination ?

Pour commencer, il faut bien comprendre que la procrastination est un symptôme. Et il est contre-productif de régler un problème en s'attaquant directement au symptôme !

Par exemple, le mal de tête est un symptôme. Mais cette douleur est le signe de quelque chose de plus profond (une maladie, le fait de passer trop de temps devant des écrans, le manque de sommeil...). Si le mal de tête revient souvent, la solution la plus facile est de prendre un médicament pour faire passer la douleur. Mais cela va juste repousser le problème : si tu ne règles pas la cause du symptôme, ce dernier reviendra inlassablement.

C'est la même chose avec la procrastination : tu peux essayer de fournir plus d'efforts pour t'empêcher de procrastiner. Mais avoir plus de volonté et fournir plus d'efforts ne sont que des solutions superficielles. Si tu n'as pas réglé les véritables causes de la procrastination, elle reviendra tôt ou tard. En essayant de régler le mauvais problème, les résultats seront rarement au rendez-vous. D'où l'importance de repérer **les véritables causes de la procrastination**. On pourrait alors penser au manque d'énergie, au manque de compétence, à la perte de sens dans les études... Mais dans ce livre, je vais me concentrer sur les 3 principales causes :

- **Un mauvais état d'esprit.** Pour éviter de faire quelque chose que l'on n'a pas envie de faire, on trouve souvent des excuses : « Ce n'est pas le moment », « De toute façon, je ne comprends rien », « Les profs notent à la tête du client, donc ça ne sert à rien de travailler ». Bien entendu, ces pensées vont te freiner et t'empêcher de passer à l'action.
- **Un manque d'organisation et de planification. Au départ, on se dit que l'on va travailler sérieusement. Mais en pratique, c'est difficile de prendre le temps. D'ailleurs, une autre excuse connue est « Je n'ai pas le temps ». Mais en réalité,**

cela vient d'un manque d'organisation et d'une mauvaise planification du travail. Nous avons toujours moyen de trouver du temps pour ce qui est important.

- **Un manque d'habitude. La volonté est surcotée**. En réalité, la régularité dans le travail est rarement une question de volonté ou de motivation, mais plutôt d'habitude. Ceux qui réussissent n'ont pas une quantité de volonté infinie. Les meilleurs ont aussi des moments où ils n'ont pas envie. Ce qui va donc faire la différence, ce n'est pas la quantité de volonté disponible, mais c'est ce que tu fais par habitude sans réfléchir.

  Attention : La volonté et la motivation restent importantes, notamment pour mettre en place une nouvelle habitude. Et c'est bien de savoir comment stimuler sa motivation, mais il faut savoir que c'est une ressource « instable » et que ce n'est pas fiable de se reposer dessus.

Maintenant que nous avons bien identifié ce qui cause la procrastination, tu peux appliquer une solution adaptée :

- **Adopter un bon état d'esprit.** Si déjà tu remarques que tu te donnes des excuses, c'est un bon départ. Ce n'est qu'une question de décision : soit tu continues à trouver des excuses, soit tu fais le choix de prendre en main ce Français-Philosophie pour de bon. On reparle de tout ça dans le chapitre suivant.
- **Planifier le travail.** Trop souvent, le manque de précision dans ses objectifs est un obstacle pour passer à l'action. En effet, tu pourrais te dire « cette année, je vais travailler en Français-Philosophie ». C'est une très bonne intention, mais c'est beaucoup trop vague pour que tu puisses passer à l'action...

  Il est donc important d'être le plus précis possible dans la planification. Voici un objectif qui te donnera plus de chance de tenir tes engagements : « Je vais lire Résumés faciles tous les jours pendant 15 minutes à 21h00 ». De cette manière, tu n'auras plus besoin de réfléchir à comment tu vas travailler. Il suffit juste de passer à l'action. De manière générale, tes objectifs doivent être spécifiques (« lire *Résumés faciles* »), atteignables/réalisables (« lire 15 minutes par jour ») et temporellement définis (« tous les jours à 21h00 »).

Voici quelques exemples qui pourraient t'inspirer :

  - Pendant les grandes vacances, je vais lire Résumés faciles 15 minutes tous les soirs à 21h00.
  - Pendant les périodes de cours, je vais lire Résumés faciles 45 minutes tous les Dimanche à 11h00.

- **Créer une nouvelle habitude.** Une fois que le travail est planifié avec des objectifs clairs et précis, il reste encore un obstacle : il faut passer à l'action. Le mieux est de mettre en place une nouvelle habitude. C'est un sujet passionnant, mais cela mériterait un livre entier (ce livre s'appelle Le pouvoir des habitudes de Charles Duhigg). Pour rester le plus simple possible : une habitude se déclenche suite à un stimulus (par exemple, l'habitude de regarder ton téléphone peut être déclenchée par différents stimuli : le fait d'entendre une notification, le fait de changer de lieu comme sortir de la salle de cours ou arriver dans sa chambre…).

  Donc pour démarrer une nouvelle habitude, il faut un nouveau stimulus. Dans notre cas, la solution la plus simple est de régler un réveil à l'heure où la tâche doit être effectuée. Par exemple, si ton objectif est de lire le Dimanche à 11h00, règle un réveil récurrent le Dimanche à 11h00. Quand le réveil sonne, c'est non-négociable, tu t'y mets !

Pour résumer, voici les étapes à suivre :

- Planifie un créneau pour travailler régulièrement en Français-Philosophie (et pour lire ce livre) avec un objectif **spécifique, atteignable et temporellement défini**
- Règle un réveil récurrent
- Pose le livre et fais ça **maintenant** !

Faire cela te permettra d'être plus serein : tu n'as plus besoin de penser quand tu dois travailler, car c'est ton réveil qui le fait à ta place ! De plus, le fait d'avancer régulièrement te donnera vraiment la sensation de progresser, et c'est très gratifiant.

Maintenant, voyons comment adopter le bon état d'esprit pour passer plus facilement à l'action.

Changer son état d'esprit

La majorité des sportifs de haut niveau font de la préparation mentale. Et ce n'est pas un hasard : le mental a réellement un impact sur leurs performances.

C'est la même chose pour l'apprentissage, notamment en Français-Philosophie. De manière générale, ton état d'esprit (= ta mentalité) va influencer tes comportements, et donc tes résultats. En effet, **si tu as un mauvais état d'esprit, tu n'auras pas envie de travailler cette matière.** Tu vas donc avancer à reculons, ce sera difficile de t'y mettre, et chaque dissertation sera une corvée. Bref, c'est beaucoup de souffrances pour peu de résultat, tout ça à cause d'un mental mal réglé.

Au contraire, **il est possible d'aborder ton travail pour que tout devienne plus facile.** D'où l'importance d'adopter la bonne mentalité avant même de commencer quoi que ce soit dans cette matière. Heureusement, ton état d'esprit n'est pas quelque chose de figé : il est possible de le modifier !

Pour faire simple, voilà ce qu'il faut retenir : **certains préjugés peuvent ruiner ton état d'esprit, et donc tes résultats.** Il est donc important de repérer ces préjugés, pour ensuite les remplacer par une façon de penser plus productive.

Voici quelques préjugés nocifs dont tu pourrais être victime.

Préjugé 1 : « La notation en Français-Philosophie est aléatoire »

La philosophie est une matière victime de beaucoup de rumeurs. On a tous déjà entendu l'histoire d'un étudiant qui n'a jamais travaillé, et qui a quand même eu 20/20 à son examen, alors que l'étudiant brillant, qui a une grosse culture générale et qui utilise beaucoup de références dans sa copie, se tape un 1/20. Pour résumer l'histoire : celui qui n'a pas travaillé obtient une bonne note, alors que celui qui a révisé obtient une mauvaise note.

Il est donc facile d'arriver à la conclusion suivante : « Les notes en philosophie sont aléatoires, donc ce n'est pas la peine de travailler ».

En réalité, ce raisonnement est complètement faux.

D'ailleurs, c'est une erreur logique qui porte le nom de **« biais du survivant »** : on a tendance à mettre en avant les personnes qui ont « survécu » (ou qui ont « réussi »), et à oublier tout ceux qui ont échoués alors qu'ils étaient exactement dans les mêmes conditions que les « survivants ». Donc quand on entend que quelqu'un a réussi alors qu'il n'a pas travaillé, on peut facilement croire que le fait de ne pas travailler est la meilleure option pour réussir. Mais en réalité, ce n'est qu'un « survivant » : **d'un point de vue statistique, la quasi-totalité des étudiants qui n'ont pas travaillé se sont planté et ont eu une mauvaise note !** On pourrait évaluer le pourcentage de réussite de la manière suivante : 1% de ceux qui n'ont pas travaillé ont réussi à avoir une bonne note. Mais il ne faut pas oublier que les 99% restants ont échoué.

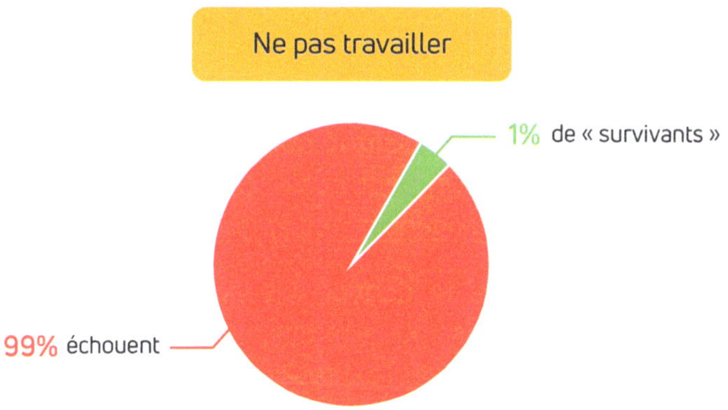

Un autre facteur va venir amplifier ce phénomène : les 1% de « survivants » vont se vanter d'avoir réussi sans travailler. Au contraire, ceux qui échouent ne diront jamais « regardez, j'ai échoué parce que je n'ai pas travaillé ! » D'ailleurs, la majorité va plutôt se déresponsabiliser en mettant la faute sur le correcteur, ou alors en prétendant être victimes de la notation aléatoire. Finalement, **tu as l'impression qu'il y a beaucoup d'étudiants qui réussissent sans travailler, alors qu'il s'agit d'une minorité.** Autre chose : il est fort probable que beaucoup de « survivants » mentent à leur sujet. Ils affirment qu'ils n'ont pas bossé, alors qu'en réalité, ils ont quand même travaillé un minimum !

Bref, il serait plus judicieux de raconter cette histoire : « Statistiquement, si tu ne travailles pas cette matière, tu as 99% de chance d'échouer. »

Mais alors, qu'en est-il des étudiants qui travaillent et qui ont quand même de mauvaises notes ?

On peut imaginer que certains bons étudiants gèrent mal leur stress et perdent tous leurs moyens au moment de l'épreuve. **Mais dans la majorité des cas, un étudiant a de mauvaises notes car il tombe dans des pièges récurrents.** Par exemple, pour les épreuves de prépa scientifique, savais-tu qu'utiliser trop de citations de manière incohérente est une pratique sévèrement sanctionnée ? Autrement dit, *on ne t'évalue pas sur la quantité de références que tu pourras mettre dans ta copie, mais plutôt sur ta capacité d'argumenter de manière cohérente et pertinente en fonction du sujet.* Donc même si tu as beaucoup de culture générale et que tu connais une tonne de citations, tu vas te planter si tu tombes dans ce piège. Ceci n'est qu'un exemple de piège parmi tant d'autres...

Tomber dans des pièges est le signe que l'étudiant ne connaît pas les critères de notation. On peut aussi appeler ça les attentes du correcteur, ou encore les exigences des épreuves.

En effet, le correcteur va te donner des points uniquement si tu respectes certains critères (par exemple, argumenter de manière pertinente, ou encore, maîtriser l'expression écrite). Si tu ne sais pas clairement ce que l'on attend de toi, rendre une copie conforme ne sera qu'une question de hasard. Sur certaines copies, il se peut que tu vises juste, mais tu ne comprendras pas pourquoi on t'a donné telle ou telle note.

Bref, si tu n'as pas conscience des critères de notation et des pièges récurrents, tu joues à la roulette russe avec ta note.

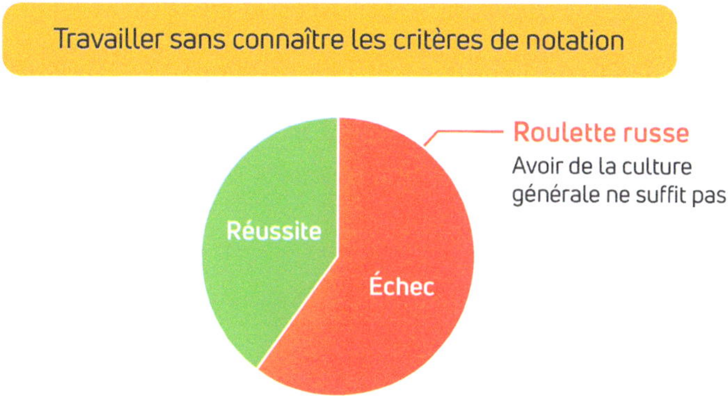

Au passage, cela pourrait aussi expliquer pourquoi les 1% de « survivants » réussissent : il est possible qu'ils respectent les critères de notation sans le savoir !

En tout cas, tu devrais éviter de laisser ta réussite entre les mains du hasard. **Il est préférable de mettre toutes les chances de ton côté en comprenant les critères de notation (et en t'entraînant efficacement).**

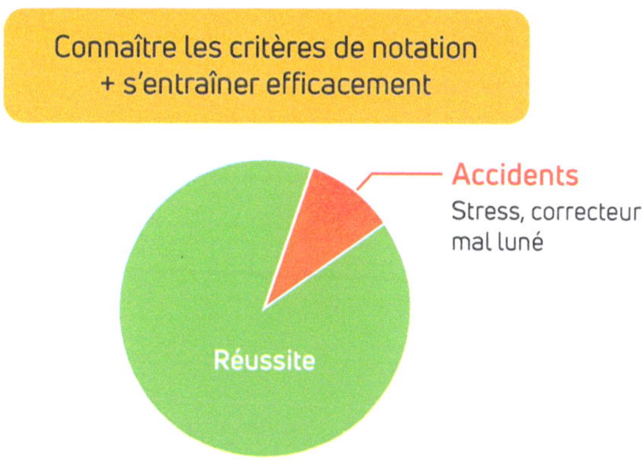

Alors oui, il est toujours possible de tomber sur un correcteur mal luné. Mais c'est beaucoup plus rare que tu pourrais le penser ! En effet, dans certains concours, les correcteurs sont supervisés par d'autres correcteurs : ils vérifient la cohérence de la notation, et ils font de l'harmonisation (cette information m'a été transmise par un correcteur).

Ce que l'on peut retenir, c'est qu'un esprit rationnel et scientifique ne devrait pas se laisser piéger par les préjugés et les médisances. Il est bien plus productif d'évaluer correctement la situation et d'identifier sur quoi il faut travailler pour maximiser ses chances de réussite. Bon, je parle « d'esprit scientifique » alors que ce que je viens de présenter est loin d'être une science exacte. Mais je pense sincèrement que ce modèle est bien plus juste que les préjugés que tu peux entendre. De plus, l'objectif n'est pas d'être exact à la virgule près, mais plutôt de changer ton état d'esprit pour que tu sois le plus efficace possible !

Finalement, voici le changement de croyance à opérer :

✗ « La notation en Français-Philosophie est aléatoire »

↓

✓ « Pour maximiser ses chances de réussite, il est essentiel de connaître les critères de notation et de s'entraîner pour les respecter »

Je t'expliquerai comment déterminer ces critères plus loin dans ce livre (chapitre « Adopter la bonne stratégie »).

Préjugé 2 : « Les matières littéraires ne servent à rien »

Aujourd'hui, la science est considérée comme le moteur de l'innovation et du développement humain. En comparaison, tout ce qui est littéraire est beaucoup moins glorifié. Souvent, le Français et la Philosophie sont peu appréciés des étudiants de filière scientifique. Cela vient du fait que beaucoup jugent que les matières littéraires sont inutiles... **Mais ce n'est jamais motivant d'être obligé de faire des choses que l'on considère inutiles.** De la même manière, penser que le Français-Philosophie est inutile ne fera que te démotiver et te poussera à négliger cette matière.

Il est donc essentiel de trouver un sens et une utilité à cette

matière, car cela rendra l'apprentissage plus plaisant et plus efficace ! Tout deviendra plus fluide et plus facile.

Alors oui, la première chose évidente est que le Français-Philosophie est important pour les concours et pour intégrer une école. Mais souvent, cela ne permet pas d'apprécier pleinement la matière, et ce n'est pas suffisant pour se motiver. Il faut donc trouver d'autres avantages plus puissants et plus concrets qui pourront te convaincre de son utilité.

Voici quelques bénéfices des matières littéraires :

- **Mieux communiquer :** Ce qui nous distingue des autres espèces, c'est le langage. Nous communiquons avec des mots. Et les mots sont puissants : ils permettent de transmettre des idées et des émotions.

  Or, si tu ne maîtrises pas les mots, ce sera plus difficile de te faire comprendre. Il est possible que tu aies de bonnes idées, mais si tu t'exprimes mal et que tu n'es pas convaincant, personne ne t'écoutera sérieusement.

  Donc ici, le Français va te permettre d'améliorer ton expression écrite, ce qui est essentiel pour mieux communiquer (que ce soit dans une future entreprise, ou encore dans ta vie personnelle).
- **Mieux comprendre le monde :** Les mots ne servent pas seulement à communiquer, mais aussi à décrire le monde. Si on réfléchit bien, la science se fonde sur des mots (par exemple, pour décrire un phénomène physique, ou encore pour expliquer une formule mathématique...) Autrement dit, maîtriser les mots est nécessaire avant de pouvoir faire de la science. Le langage est donc bien plus fondamental que la science ! D'où l'importance de maîtriser les mots pour mieux appréhender le monde qui nous entoure.
- **Améliorer sa vie :** Un des objectifs de la philosophie est d'être plus libre et plus heureux dans notre propre vie. Le fait de se poser des questions sur le monde et sur soi-même nous amène à réfléchir sur ce qui est le mieux pour nous. (On pourrait dire que nous sommes actuellement en train de pratiquer une forme de philosophie : comment adopter le bon état d'esprit pour moins souffrir du Français-Philo)

Bref, c'est une bonne occasion de prendre du recul pour améliorer sa vie !

Finalement, voici le changement de croyance à opérer :

❌ « Les matières littéraires ne servent à rien »

↓

✅ « Pour être motivé à travailler en Français-Philosophie, mieux vaut être convaincu de son utilité : mieux communiquer, mieux comprendre le monde, améliorer sa vie... »

Préjugé 3 : « Je n'ai pas la fibre littéraire, donc je ne peux pas réussir dans cette matière »

Maintenant que tu sais que la notation n'est pas aléatoire et que la matière a une utilité, il peut rester un obstacle : **peut-être que tu te dis que c'est foutu, car tu n'as pas le niveau en Français...** Ou alors que tu n'as pas la fibre littéraire. En effet, il se peut que tu aies de grosses lacunes dans les matières littéraires : tu ne comprends pas grand chose et tu as du mal à suivre en cours. Finalement, cette épreuve te fait vraiment peur, car tu te dis qu'une simple dissertation ratée peut te faire échouer aux concours.

Pourtant, il n'y a pas besoin d'être un prodige de la littérature pour réussir ! Comme je l'ai évoqué plus tôt, avoir beaucoup de culture ne t'aidera pas pour cette épreuve. Au contraire, être à l'aise dans les matières littéraires peut devenir un danger : les exigences des épreuves de prépa scientifique sont un peu particulières, mais les bons étudiants penseront qu'ils savent déjà faire une dissertation et ne se remettront pas en question. Bref, ils risquent de tomber dans un piège fatal, comme par exemple étaler leur culture dans leurs dissertations.

Donc pas besoin de passer des journées entières à se remettre à niveau. Contrairement aux mathématiques où il faut beaucoup de temps pour avoir des résultats, **le Français-Philosophie est une matière où tu peux progresser très rapidement.** Et c'est encore plus le cas si tu es en dessous de la moyenne : la plupart du temps, une mauvaise note vient d'une incompréhension des critères de notation et d'un manque de méthode. Autrement dit, avec seulement quelques ajustements bien ciblés, il est possible de faire décoller tes notes en très peu de temps. Cela fait plusieurs années que j'accompagne les étudiants qui ont des difficultés dans cette matière. Beaucoup réussissent à surpasser leur blocage avec quelques heures de travail. C'est le cas de Lucie qui est passée de 3/20 à 12/20 sur ses dissertations. Je peux citer des centaines d'exemples comme celui-ci. Donc rien n'est jamais perdu : dis-toi que c'est possible.

Bien entendu, cela ne se fait pas tout seul. **Pour cela, il faut adopter la bonne stratégie pour se focaliser sur les informations essentielles et gagner des points.** C'est le sujet de la partie suivante 😉

Finalement, voici le changement de croyance à opérer :

❌ « Je n'ai pas la fibre littéraire, donc je ne peux pas réussir dans cette matière »

↓

✅ « Pas besoin d'être un prodige de la littérature : il suffit d'adopter la bonne stratégie pour apprendre l'essentiel et gagner des points »

Adopter la bonne stratégie

Avec tout ce qui a été abordé dans les chapitres précédents, j'espère que tu as pris conscience de l'importance d'adopter la bonne stratégie pour être le plus efficace possible.

Voici les étapes dans les grandes lignes :

1. Identifier les critères de notation

Ton but n'est pas d'avoir beaucoup de culture, mais de réussir les épreuves de Français-Philosophie. Pour cela, **il faut se focaliser sur ce qui rapporte des points**. Autrement dit, tu dois comprendre ce que l'on attend de toi. Le plus important est donc de déterminer les critères de notation. Pour les déterminer, l'idéal serait d'étudier les grilles de notation utilisées par les correcteurs. Le problème, c'est que ces informations ne sont pas publiques… Finalement, il reste 2 options :

- La première méthode est d'analyser les copies très bien notées pour en déduire les critères de réussite. Mais il faut faire attention car c'est facile d'arriver à des conclusions erronées.
- La deuxième méthode, plus fiable, est d'**analyser les rapports de jurys**. Tous les ans, les correcteurs font un bilan des copies qu'ils ont corrigées. Et ils synthétisent toutes les erreurs qu'ils ont rencontrées ! Chaque année, ils se plaignent que les étudiants tombent dans des pièges récurrents. Donc autant en avoir conscience pour les éviter !

2. Suivre une méthodologie

Si déjà tu as conscience des critères de notation, c'est top. Mais ce n'est pas si évident de mettre ça en pratique. En effet, cela ne te permet pas de savoir COMMENT faire une bonne dissertation. Donc ça ne t'empêchera pas de galérer sur tes dissertations, ou encore pire, de rester bloqué devant ta copie.

Le plus souvent, ces difficultés viennent d'un manque de méthode. Il est donc important d'**adopter une bonne méthodologie de la dissertation**. Pour que ce soit efficace, cette méthodologie doit respecter les critères de notation, et surtout, elle doit être la plus claire et détaillée possible. Cela va te permettre d'être guidé étape par étape et d'être beaucoup plus serein devant ta copie.

3. Connaître les œuvres

C'est à partir de là qu'il est pertinent de se pencher sur les œuvres. À ce propos, une question revient souvent : faut-il lire les œuvres en entier ? **La réponse n'est pas si évidente. C'est toujours bénéfique de lire, car t'y entraîner te permettra d'être plus à l'aise pour la contraction de texte (ou épreuve du résumé). C'est aussi le moyen d'améliorer ton orthographe (plus tu lis des mots bien orthographiés, plus tu t'améliores). Mais lire les œuvres n'est pas une obligation pour réussir tes dissertations, car tu peux t'en sortir avec les résumés. Finalement, tout va dépendre de ton temps disponible et de ton envie.**

Pour ce qui est des résumés chapitre par chapitre présents dans ce livre, tu as plusieurs options :

- **Lire un morceau du résumé, puis immédiatement lire la partie correspondante dans l'œuvre originale.** Ici, le résumé te donne du contexte et te permet de mieux comprendre ce que tu vas lire. C'est une bonne option si tu as des difficultés avec la lecture.
- **Lire d'abord un chapitre de l'œuvre originale, puis lire le résumé pour vérifier si tu as bien compris.** Cette méthode est un bon moyen de s'entraîner à la compréhension de texte : tu devras faire l'effort de comprendre le texte original par toi-même. Mais ce n'est pas adapté si le texte est trop compliqué pour ton niveau.

Exercice supplémentaire : Si tu décides de lire les œuvres, il est souvent judicieux de surligner des passages qui te paraissent liés au thème de l'année. Cela pourra être utile pour l'étape suivante (analyser les œuvres). D'ailleurs, c'est un exercice donné par certains professeurs.

- **Lire uniquement les résumés.** Cette option est intéressante si vraiment tu vises l'efficacité, ou alors si tu es déjà sous l'eau et que tu n'as pas assez de temps. Le problème, c'est que tu ne pourras pas surligner des passages du livre, donc il faudra utiliser des ressources externes (je te présenterai notre programme plus tard).

Il n'y a pas de solution unique. C'est à toi de choisir en fonction de ta situation et de tes préférences personnelles.

4. Analyser les œuvres (+ technique des blocs)

Connaître les œuvres n'est pas suffisant pour réussir une dissertation. La preuve : certains étudiants lisent les œuvres en entier et ont beaucoup de connaissances sur le thème de l'année et pourtant, ils ont quand même de mauvais résultats aux concours.

Il faut bien comprendre que **l'information brute n'est pas directement exploitable dans une dissertation.**

Déjà, les informations tirées des œuvres ne sont pas toutes pertinentes. En effet, il faut garder uniquement ce qui est utile vis-à-vis du thème de l'année. Pour cela, il faut **analyser les œuvres**, c'est-à-dire :

- Identifier et isoler les passages pertinents des œuvres
- Commenter chaque passage pour faire le lien avec le thème de l'année
- Comparer les œuvres entre elles

Généralement, c'est le travail fait en cours avec ton professeur. Vous allez isoler des éléments des œuvres et les mettre en lumière par rapport au thème.

Mais attention, cette analyse « brute » ne correspond pas au format d'une dissertation. **Donc tu ne peux pas reprendre directement les éléments de ton cours pour les utiliser dans ta dissertation.** En effet, une dissertation a une structure bien particulière. Elle se divise en paragraphes, et chaque paragraphe a un objectif spécifique et une structure qui lui est propre. Autrement dit, il est déconseillé d'écrire des paragraphes uniquement avec l'inspiration du moment.

Il est donc préférable de « formater » les informations de la bonne manière. L'idée est donc de **synthétiser des parties de l'analyse dans des « blocs » de contenu que tu pourras réutiliser dans tes dissertations.** C'est ce qu'on peut appeler la « technique des blocs » ou encore « technique des paragraphes ».

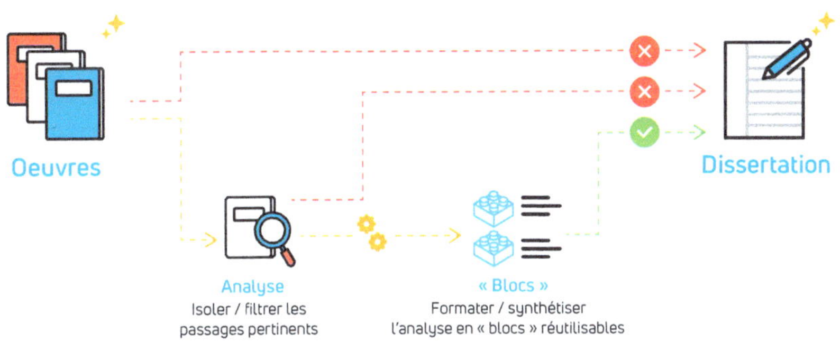

5. S'entraîner sur des sujets

Les points précédents sont indispensables pour réussir une dissertation. Mais tout cela pourrait être gâché par un manque d'entraînement. **La théorie ne sert à rien sans la pratique.**

Il est donc indispensable de faire des sujets régulièrement.

Cela peut paraître un peu long et fastidieux. Mais ça reste la stratégie la plus efficace pour assurer aux épreuves.

Pour t'aider et te faire gagner encore plus de temps, nous avons déjà fait tout ce travail à ta place avec :

- Une synthèse des critères de notation. Nous avons épluché les rapports de jurys sur plusieurs années et analysé les meilleures copies pour déterminer comment **gagner des points.**
- Une méthodologie étape par étape efficace. Finis le stress d'être bloqué devant ta copie : il te suffit de suivre la méthodologie. Pour cela, on t'explique précisément comment trouver une **problématique pertinente**, comment élaborer un **plan cohérent** (et trouver une 3e partie), comment articuler et **structurer les paragraphes** de ta dissertation, etc.
- Des quiz pour tester tes connaissances et mieux mémoriser les œuvres.
- Une analyse directement sous forme de « blocs ». Il te suffira de réutiliser ces blocs dans tes dissertations. Finis la galère : rédiger le développement sera d'une facilité déconcertante, et surtout, tu pourras être assuré que tu utilises les bonnes références dans ta copie.
- Dissertations Guidées. Il s'agit d'une application qui te propose des **sujets de dissertation** avec des explications à chaque étape, ce qui t'aidera à pratiquer sur des sujets concrets.

Tout ceci est disponible dans le programme en ligne « Le Joker ».

Le Joker

Mets toutes les chances de ton côté pour réussir en Français-Philosophie

Apprends l'essentiel

Pour être le plus efficace possible, tout est expliqué le plus simplement possible avec des vidéos et des fiches illustrées et ludiques.

Gagne des points

Tu apprendras les astuces pour plaire au correcteur, et prendre l'avantage aux concours grâce à la dissertation, ce qui te rapprochera de l'école de tes rêves.

Optimise ton temps

Le programme te permettra de progresser rapidement, ce qui te fera économiser du temps pour travailler sur les autres matières.

Laisse-toi guider

Tu pourras suivre le programme progressivement avec un système de suivi adapté au rythme de la prépa (avec des notifications par mail).
Pas besoin d'y penser, tout est planifié !

En savoir plus

Pour plus d'informations, tu peux te rendre à l'adresse **https://www.prepa-up.com/joker**

Les étudiants qui ont suivi ce programme les années précédentes ont gagné plus de 3 points avec quelques heures de travail. En général, ceux qui avaient beaucoup de difficultés et qui tournaient en dessous de 8 réussissaient rapidement à avoisiner les 12/20.

« J'ai réussi à intégrer l'école vétérinaire de Maisons-Alfort (ce que je voulais). Merci encore car grâce au Joker j'ai réussi à avoir 14 au concours alors que l'année dernière j'avais eu 7. Je n'aurais jamais cru que le français pouvait me rapporter des points. » **Cassandre, BCPST**

« J'ai eu 13 en Français A et 16 en Français B, c'est énorme je ne m'attendais pas du tout à ça. Et ces notes c'est majoritairement grâce à toi et ton programme. Toute l'année j'avais entre 7 et 9 en français et j'avais presque laissé tomber le français… » **Romain, PT**

Ceux qui étaient autour de la moyenne arrivaient à se perfectionner pour dépasser 16/20 !

« En ce qui me concerne, j'intègre les Ponts l'année prochaine et je suis hyper contente ! Pour être honnête, le français y est un peu pour quelque chose : j'ai eu 19 à Mines-Ponts alors que j'ai eu 8 toute l'année. On peut dire que le Joker m'a bien aidée à gérer les concours ! » **Océanne, PC**

Bien entendu, Le Joker n'est pas un remède miracle : il faut quand même travailler un minimum pour avoir des résultats ! Autre précision : Le Joker est payant. Mais même si ce programme va grandement te faciliter la tâche, tu peux largement te débrouiller par toi-même et progresser en suivant la stratégie abordée plus tôt.

Nous arrivons enfin aux résumés.

Résumé de l'œuvre

La Condition ouvrière

Simone Weil

Voir la vidéo du résumé

Tu peux commencer par visionner la vidéo pour clarifier les points importants.

https://www.prepa-up.com/la-condition-ouvriere/

Présentation générale de l'œuvre

La Condition ouvrière est un recueil de textes divers écrits par Simone Weil, philosophe et professeure agrégée de philosophie.

Cet ouvrage a été publié pour la première fois en 1951, après la mort de Simone Weil. Il regroupe les textes importants que la philosophe a rédigés au sujet des **conditions de vie des ouvriers** à son époque (entre 1934 et 1942) : des courriers adressés à des amis ou à des directeurs d'usines, des **articles** de revues, un t**exte de conférence** lu devant des ouvriers, ou encore un journal de bord qui décrit en détail le travail qu'elle a effectué en usine.

En effet, pendant presque un an de sa vie, Simone Weil a fait le choix de travailler comme ouvrière à l'usine. Elle voulait **se confronter à la réalité**, se sentir comme une ouvrière parmi d'autres pour **vraiment comprendre** ce qu'était **la condition ouvrière** et parler du milieu ouvrier avec justesse.

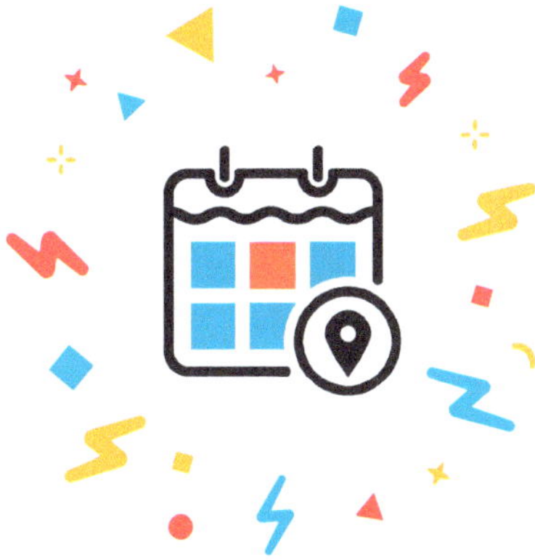

Contexte historique

Le contexte historique de cette œuvre est essentiel pour comprendre pourquoi Simone Weil s'intéresse à la condition ouvrière, et comment le milieu ouvrier était considéré à son époque:

- Une **France industrielle** : de 1926 à 1931, le nombre d'ouvriers dépasse le nombre de paysans en France. Le secteur industriel regroupe alors la plus grande partie des travailleurs français. Au cours de ces décennies, **les usines se modernisent et s'agrandissent de plus en plus.**

  ↳ Etudier le travail ouvrier semble essentiel à Simone Weil car ce travail concerne une grande part de la population française.

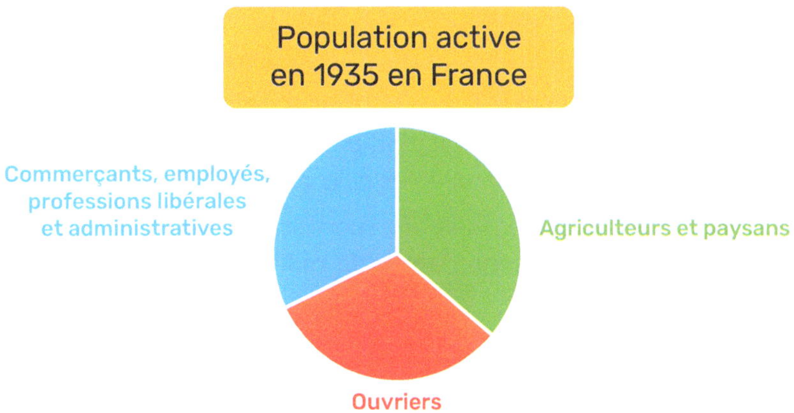

- La **Grande Dépression** : en 1929, la bourse de New York s'effondre et entraîne le monde dans la plus grande **crise économique** du XXème siècle.

  Pour faire simple : depuis la fin de la Première Guerre mondiale, on produit beaucoup pour tout reconstruire. Il arrive un moment où on produit trop. Comme il y a trop de marchandises par rapport à la demande, les prix baissent, et plus personne ne veut revendre des marchandises qui ne valent rien... Alors, les fabriques n'arrivent plus à écouler leurs produits : elles renvoient beaucoup d'ouvriers et diminuent les salaires.

  ↳ La France est touchée par la crise à partir de 1931. Comme ailleurs, **le chômage explose** et **les salaires diminuent**. Concrètement, pour garder leurs emplois, les ouvriers sont prêts à travailler comme des forcenés... C'est dans ce contexte de crise que Simone Weil travaille comme ouvrière sur presse à l'usine Alsthom (1934-1935), puis travaille à la chaîne à l'usine J-J Carnaud et Forges de Basse-Indre, et enfin comme fraiseuse à l'usine de Renault (1935).

- **La grève de juin 1936** et le Front Populaire : le 3 mai 1936, le Front Populaire remporte les élections législatives françaises.

  Le Front Populaire était une coalition de partis de gauche qui regroupait notamment les socialistes et les communistes. Grâce à cette victoire, Léon Blum devient le 4 juin le **premier socialiste** à la tête d'un gouvernement de la IIIème République. À peine est-il arrivé au pouvoir qu'environ **2 millions d'ouvriers se mettent soudainement en grève** :

  c'est une grève d'une ampleur jamais vue... Il faut dire qu'à cette époque, cela fait longtemps que les ouvriers se sentent opprimés par le patronat et les dirigeants de droite.

  Désormais gouvernés par des socialistes, les ouvriers peuvent enfin **s'exprimer sans risquer la répression**, et espérer des jours meilleurs.

↳ Simone Weil (qui a alors repris son métier de professeure de philosophie) suit ces événements de près. Elle est enthousiaste à l'égard de ces grèves qui, au-delà d'un mouvement militant, sont pour elle un acte de « joie pure ».

- La **rationalisation du travail** en usine, avec le **taylorisme** (1880) et le **fordisme** (1908).

  Le taylorisme (du nom de son inventeur Taylor) se définit comme une organisation scientifique du travail qui vise à **augmenter le rendement** (la quantité produite par unité de temps) autant que possible. Il repose sur 3 grands principes :

  - L'étude précise de chaque opération de production (analyse des gestes, chronométrage de chaque tâche, etc.).
  - L'optimisation de chaque opération (détermination de la cadence maximale atteignable, séquençage optimal des opérations entre elles, etc.).
  - La mise en place d'un système de primes incitant les ouvriers à être plus productifs (plus ils produisent de pièces à l'heure, plus ils sont payés).

- Dans la lignée du taylorisme, le fordisme (du nom de son inventeur Ford) cherche à **augmenter la productivité** (augmenter la production par rapport aux ressources mobilisées). Il repose sur 2 grands principes :

  - La division du travail de manière verticale (séparation des tâches intellectuelles et manuelles) et horizontale (séparation des différentes tâches manuelles = travail à la chaîne).
  - La standardisation : on produit les mêmes pièces en grande quantité, ce qui facilite le travail à la chaîne et diminue le coût de ces pièces.

↳ Pour Simone Weil, cette « rationalisation » du travail est responsable de la **dégradation de la condition ouvrière** : les ouvriers sont poussés à être **toujours**

plus productifs et à effectuer des **tâches toujours plus abrutissantes.** Avec, pour conséquences, un **épuisement moral et physique et la perte de leur dignité de travailleur.**

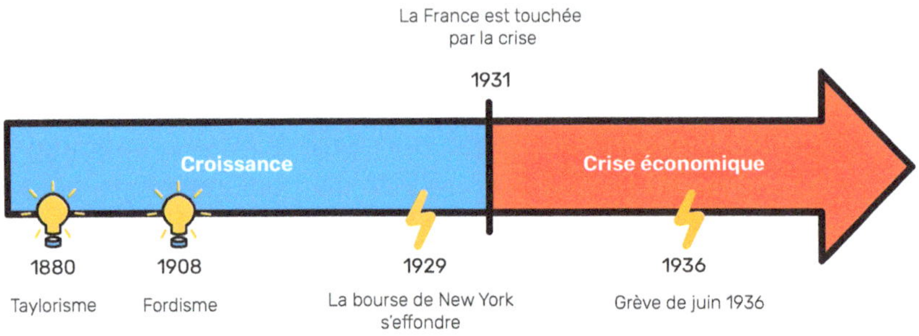

Structure de l'œuvre

Heureusement pour tout le monde, le programme de cette année n'inclut pas les quelque 500 pages du livre. Le corpus est resserré autour de plusieurs textes (environ 200 pages), séparés en **deux sections** :

- La première section est intitulée « **L'usine, le travail, les machines** ». Dans cette section, tout est au programme (lettres, articles et conférence) sauf le « Journal d'usine ». Cette section intègre des **impressions assez précises** sur le travail en usine qui s'appuient sur l'expérience vécue. L'auteure y dresse un **constat détaillé de la condition ouvrière.**
- La deuxième section est intitulée « Tout ce qu'on peut faire provisoirement... ». Dans cette section, il y a seulement 2 articles à étudier : « La condition ouvrière » et « Condition première d'un travail non servile ». Cette section intègre des **réflexions plus globales** sur l'organisation du travail. L'auteure y propose de grandes **pistes pour l'amélioration de la condition ouvrière.**

Résumé express

Une dénonciation de la condition ouvrière

La plupart des textes du recueil critiquent l'organisation de l'industrie et surtout la manière dont sont traités les ouvriers. La philosophe dénonce **l'inhumanité des conditions de travail** en usine car celles-ci portent **atteinte à la dignité des travailleurs.**

Au fil de ses écrits, Simone Weil revient régulièrement sur ces conditions qu'elle a elle-même éprouvées au cours de quelques mois à travailler en usine. Elle fut choquée par la **brutalité physique et morale** de ce travail. Elle soulève notamment les points suivants:

- Un **travail monotone** et **sans intérêt** réalisé à une **cadence effrénée.** Ce travail épuise le corps et empêche l'esprit de s'évader. En effet, la vitesse d'exécution du travail nécessite de rester constamment concentré sur une tâche abrutissante.
- Une **soumission permanente aux ordres** des supérieurs. Cette soumission donne le sentiment humiliant de n'être rien d'autre qu'un objet au service de la production.
- Le **sentiment d'être isolé**, en raison de l'absence de fraternité parmi les travailleurs, du silence pesant des ouvriers, et du fait de se sentir comme un simple rouage de l'usine.

- Un **refoulement des émotions** et des humeurs. En effet, l'ouvrier ne peut rien exprimer sous peine d'être moins productif et/ou d'être réprimandé.
- Le **salaire**, et **la peur** de perdre son salaire comme seules sources de motivation.
- L'**angoisse** de revivre chaque jour cette souffrance, mais aussi de se faire réprimander par ses chefs ou de perdre son travail par manque de productivité.
- L'obligation de sombrer dans l'**indifférence** et l'**inconscience** pour pouvoir endurer cette souffrance sans déprimer totalement.

Contre la révolution ouvrière

Simone Weil se démarque des militants de son époque. Ils sont nombreux parmi les syndicats et les partis de gauche à souhaiter la **révolution**, c'est-à-dire à vouloir **renverser le patronat** pour **instaurer la domination du peuple ouvrier.** Si la philosophe se réjouit des révoltes et des grèves qui permettent alors aux ouvriers de faire valoir quelques revendications, elle ne croit pas du tout à la révolution. Pour elle, ce mouvement brutal ne peut aboutir qu'à deux choses :

- **La répression**, pour rétablir l'ordre capitaliste en place.
- **L'instauration d'un nouvel ordre** encore **plus totalitaire.** En effet, les anticapitalistes voulaient confisquer les moyens de production pour les remettre entre les mains de l'Etat. Dans un tel régime, l'Etat concentre encore plus de pouvoirs.

Selon Simone Weil, tout cela ne changerait rien aux conditions de travail des ouvriers (cela empirerait même les choses). En effet, peu importe les dirigeants : tant que l'on conserve la même **organisation** au sein **des usines** et que l'on traite la main d'œuvre de la même manière, la **souffrance au travail** ne peut pas disparaître.

D'ailleurs, l'auteure affirme que **le travail comporte nécessairement une part de souffrance** (il n'est jamais facile de manipuler du métal en fusion par exemple) : : il ne faut donc pas espérer supprimer la souffrance du travail ouvrier. Par contre, Simone Weil préconise d'**éviter toutes les souffrances inutiles** qui s'ajoutent au travail en lui-même. Et pour cela, il y a des solutions plus douces que la révolution.

Des solutions pacifiques pour améliorer le travail

Dans certains textes, Simone Weil avoue avoir du mal à imaginer des solutions concrètes pour améliorer la condition ouvrière. Elle est lucide : elle sait que cela devra prendre du temps, qu'il faudra changer les mentalités, éveiller les consciences... Néanmoins, elle propose quelques pistes :

- **Le dialogue social** : la philosophe suggère plusieurs fois de créer des commissions ouvrières au sein des entreprises (c'est-à-dire de réunir des groupes d'ouvriers chargés d'étudier certains aspects du travail en usine). Leur but est de permettre aux ouvriers de comprendre comment l'usine fonctionne (autant sur le plan technique que financier) afin de savoir quand le patron abuse ou pas. Il s'agit aussi d'établir une collaboration entre chefs et ouvriers. En effet, l'écoute mutuelle peut diminuer les incompréhensions, établir une confiance réciproque et faire émerger des petites améliorations au quotidien.
- **La réduction des inégalités** : Simone Weil pense que les écarts (de salaire, d'instruction, de responsabilité) entre tous les employés d'une usine contribuent à la dévalorisation de ceux qui sont « tout en bas ». Selon elle, il faut donc réduire ces écarts. Par exemple, en confiant des tâches plus qualifiées aux ouvriers (pas seulement pour l'argent, mais pour rendre le travail instructif).
- **Faire un bon usage de la science** : depuis Taylor et Ford, Simone Weil considère que la science a complètement oublié et détruit l'aspect humain au travail. Elle espère que les futurs ingénieurs inventeront des machines qui permettront aux hommes d'éviter les tâches abrutissantes et de se consacrer aux tâches qui demandent plus de réflexion et d'habileté.

- **Voir la beauté du travail** : c'est le point le plus abstrait de la pensée de Simone Weil. Elle affirme que le travail, surtout lorsqu'il nécessite un effort, peut devenir épanouissant si on y voit de la beauté. Par exemple, le paysan qui travaille la terre produit un effort riche d'un sens profond : cet effort permet de tirer parti des miracles de la nature pour nourrir les hommes. Selon la philosophe, il pourrait également y avoir de la beauté dans le travail ouvrier.

Résumé par chapitre

Ce résumé propose un condensé de chaque texte que tu dois étudier dans l'œuvre. Ces textes sont classés dans le même ordre que celui de l'œuvre. Tous les exemples utilisés sont issus du livre.

L'usine, le travail, les machines

Lettres à Albertine Thévenon *(institutrice issue d'une famille ouvrière syndicalisée, amie de SW)*

1ère lettre – janvier 1935

Simone Weil explique qu'elle a choisi de travailler en usine pour **éprouver la condition ouvrière.** Elle décrit l'expérience comme difficile. Elle y a perdu une certaine légèreté de vivre. Puis, elle se moque des révolutionnaires qui parlent de liberté ouvrière sans avoir mis le pied dans une usine.

Selon elle, **l'organisation d'une usine est inhumaine.** Tout d'abord parce que **l'attention est focalisée** sur une **tâche répétitive et sans intérêt.** L'ouvrier est donc tenté d'éteindre son cerveau pour endurer la souffrance, et de se laisser aller physiquement en dehors du travail, de sombrer dans la routine. Malgré la gentillesse de quelques-uns, l'auteure évoque enfin l'absence de fraternité entre ouvriers.

2ème lettre – octobre 1935

Simone Weil est nommée professeure à Bourges (c'est la fin de son expérience à l'usine). Elle se décrit comme épuisée mais moralement endurcie par cette expérience qu'elle qualifie « **d'esclavage** ».

3ème lettre – décembre 1935

Simone Weil décrit son expérience d'ouvrière comme douloureuse. Selon elle, **le travail en usine a brisé sa dignité** : au lieu de se révolter, elle est rapidement **devenue « docile »**. Elle s'est alors efforcée de retrouver l'estime d'elle-même dans une situation proche de l'esclavage. À ce titre, elle évoque :

- La **vitesse d'exécution des tâches qui empêche de réfléchir** (et oblige à refouler ses émotions).
- Les ordres ou le fait de **devoir se taire et obéir** (et qui implique de refouler ses humeurs).

Le résultat est une **rétractation de la pensée** : toute l'attention est concentrée sur une tâche abrutissante et fatigante. L'esprit devient **incapable de se projeter vers l'avenir.**

Dans cet environnement, Simone Weil ajoute que le moindre **geste fraternel** (un sourire, une aide) a une **grande valeur.** Elle raconte ainsi comment elle a été soutenue par certains collègues pour faire un travail très difficile (elle manipulait du métal en fusion).

Lettre à Nicolas Lazarévitch

(ouvrier et militant révolutionnaire, ami de SW) – mars 1935

Simone Weil raconte qu'elle s'est fait recruter dans l'usine d'Alsthom afin de comprendre **l'organisation de l'industrie.** Elle précise que le travail était dur, d'autant plus qu'elle luttait contre le **« vide mental »** auquel se laissent aller les ouvriers afin de **supporter l'esclavage.** Malgré le fait que les ouvriers se plaignaient, l'auteure souligne l'absence de solidarité et de militantisme dans l'usine.

Lettre à Simone Gibert

(étudiante, ancienne élève de SW) – mars 1935

Simone Weil explique que les femmes ne peuvent pas évoluer à des postes intéressants en usine. Puis elle raconte **l'aliénation** (= le fait de devenir un « pantin » dont la vie est écrasée par le travail) qu'elle subit (à cause de la **rétractation de la pensée**, de la fatigue, de la **soumission**). Toutefois, l'auteure se dit heureuse d'être confrontée à la vie réelle (plus concrète que la vie universitaire dans laquelle elle évoluait avant).

Puis Simone Weil aborde divers sujets évoqués par son ancienne élève dans une précédente lettre :

- Elle prévient la jeune fille qu'une vie de rêveuse consacrée à la recherche de sensations est factice. Selon elle, il vaut mieux **favoriser l'activité (travail, création)** afin d'être dans la réalité et de **vivre des sensations plus vraies.**
- Elle lui conseille de **potasser à l'école.** Bien sûr, pour se former l'esprit. Mais surtout pour se rendre **capable de fournir un travail suivi** (dans n'importe quel domaine).
- Elle lui préconise enfin de faire du sport pour se rendre habile et vigoureuse. L'auteure regrette personnellement de ne pas

avoir développé ses compétences physiques (ce qui lui a posé problème à l'usine).

Lettre à Boris Souvarine

(militant politique et journaliste, ami de SW) – avril 1935

Simone Weil écrit après son premier jour de travail dans une autre usine (J-J Carnaud et Forges de Basse-Indre) qu'elle qualifie de très dur : les **cadences** y sont **très élevées**, intenables et épuisantes. Ne pouvant se reposer, la santé des ouvrières se dégrade vite au moindre problème physique.

Une ouvrière lui a dit qu'au bout d'un an, l'épuisement persiste mais la douleur s'estompe. Pour la philosophe, cette **habituation à la souffrance** constitue le **« dernier degré de l'avilissement »**. Elle déplore que les ouvriers acceptent de s'épuiser pour un salaire un peu plus élevé.

Article « Un appel aux ouvriers de Rosières »

Proposé à Entre nous, journal des usines Rosières, décembre 1935

Dans cet article proposé à Victor Bernard (directeur des usines Rosières - fonderies situées à Vierzon), Simone Weil s'adresse aux ouvriers de l'usine. Elle leur propose de **s'exprimer** à propos de leur travail par le biais du journal d'usine : d'évoquer leurs souffrances ou leurs joies, leurs motivations ou leurs fatigues, leurs manières d'endurer ou d'apprécier le travail... Elle espère que les chefs qui les liront pourront **prendre conscience des difficultés** que les ouvriers subissent.

Simone Weil suggère également que les chefs puissent répondre par le biais du même journal : à leur tour, ils pourraient **expliquer les contraintes** qui les poussent à organiser le travail d'une certaine manière. Cette **compréhension mutuelle** permettrait aux ouvriers de mieux **accepter certaines souffrances** (en comprenant qu'elles sont inévitables), et aux chefs de **chercher à diminuer ces souffrances.** L'auteure veut apporter une **dimension humaine à l'organisation de l'usine** (qui est uniquement pensée sous l'angle du rendement).

Lettres à Victor Bernard
(ingénieur et directeur technique des usines Rosières)

1ère lettre – 13 janvier 1936

Victor Bernard a refusé de publier l'appel aux ouvriers de Rosières. Selon lui, cet article risquait de mettre de l'huile sur le feu entre chefs et ouvriers. Selon la philosophe, c'est tout le contraire. Les ouvriers sont **pauvres, soumis, dépendants**, et trop souvent **rabaissés** au rang d'inférieurs. Sous la pression, ils **ruminent ces humiliations** jusqu'à ne plus en pouvoir et… se révolter. C'est pourquoi leur permettre de **s'exprimer** aurait pu évacuer un peu la pression et « adoucir l'amertume » de leur condition sociale. Il s'agit de leur apporter un peu de **considération** et de **dignité**.

2ème lettre – 31 janvier 1936

Victor Bernard a répondu à Simone Weil qu'elle exagérait sur la condition des ouvriers. Compte tenu de son expérience personnelle en tant qu'ouvrière, la philosophe lui assure qu'elle dit vrai. Elle insiste sur la **perte de dignité** et le r**efoulement des émotions** (les ouvriers se taisent malgré les difficultés). Elle ajoute que vu d'en haut (depuis la place de chef), il est difficile de s'en rendre compte, tandis que d'en bas, il est difficile d'« agir ».

3ème lettre – 3 mars 1936

Victor Bernard a prétendu que les ouvriers n'avaient pas le courage de se plaindre, alors que leurs chefs étaient prêts à les écouter. Aussi Simone Weil lui explique pourquoi **les ouvriers se taisent** :

- **Par prudence,** car ils risquent de perdre leur place.

- **Par résignation et manque de légitimité,** car sous l'oppression, ils ont le sentiment de ne pas compter, de n'avoir aucun droit à défendre.
- **Par fierté ou timidité,** car ils risquent de subir une humiliation supplémentaire (en effet, s'ils se font envoyer promener, ils ne peuvent rien faire d'autre que… se taire !).

Simone Weil ajoute que les ouvriers ne peuvent pas être courageux. En effet, ils ne travaillent que pour gagner un peu d'argent afin de **survivre** : ils ont donc **peur de perdre leur salaire.** Cette peur les **maintient sous domination.** Ils sont condamnés à osciller entre deux besoins : **devenir indifférent à leur sort** pour mieux le supporter et tenter de **retrouver l'estime de soi.**

Aussi, l'auteure suggère la mise en place d'une boîte à idées dans l'usine. Celle-ci donnerait aux ouvriers la possibilité de **s'exprimer et le sentiment de compter.** La philosophe précise que ce geste envers les ouvriers supposerait de **reconnaître l'inhumanité de la condition ouvrière**… ce qui constitue un risque : reconnaître ouvertement l'anormalité de la condition ouvrière sans chercher à changer les choses pousserait les ouvriers à la révolte. Cependant, Simone Weil ajoute que ce risque est limité : la **domination du patronat** est telle que l'insurrection lui semble impossible.

Par ailleurs, Simone Weil affirme que ce n'est pas la pauvreté en soi qui fait le plus souffrir, mais le fait d'être **condamné à la pauvreté** : l'ouvrier se voit sans cesse rappelé qu'il doit **endurer des privations sans pouvoir espérer mieux.**

4ème lettre – 16 mars 1936

Simone Weil fait savoir qu'elle souhaite l'**égalité du rapport de forces** qui oppose **ouvriers et patronat**. Aussi, elle précise qu'elle n'est **pas révolutionnaire** : la révolution change les chefs, mais ne change pas le principe d'obéissance de la main d'œuvre. Elle souhaite donc instaurer une véritable **collaboration**, dont elle ne voit nulle trace dans l'usine de Rosières. À ce titre, elle souligne la **puissance écrasante** de Victor Bernard sur ses ouvriers : compte tenu de la difficulté à retrouver **un emploi, un renvoi** de sa part peut être synonyme d'une **condamnation à mort.** Totalement **dépendants** de leurs employeurs, les ouvriers n'ont plus qu'à obéir.

5ème lettre – mardi 30 mars

Simone Weil demande à Victor Bernard de l'embaucher dans son usine afin d'y améliorer les conditions de travail. Ensuite, elle dénonce la **division du travail** : le cloisonnement des tâches (qualifiées / non qualifiées) **rendrait impossible l'élévation de l'esprit**. Pire, il **dégrade l'estime** de ceux qui sont relégués aux tâches ingrates. Or, le travail pourrait justement servir à **former** les moins compétents pour les amener vers des tâches plus qualifiées (ce qui **réduirait les inégalités**).

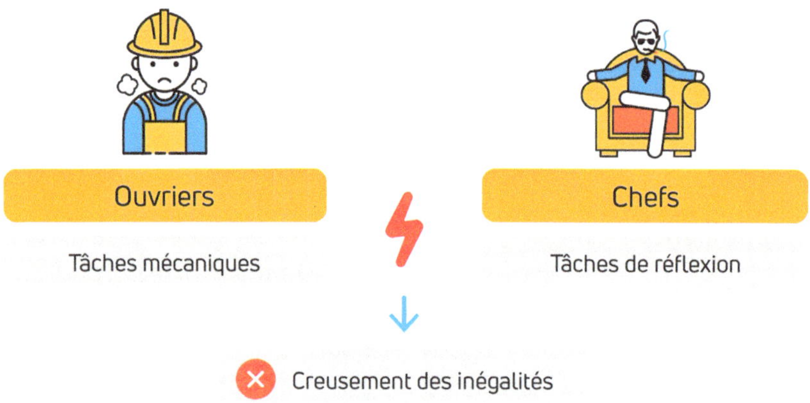

6ème lettre – avril 1936

Simone Weil déplore la méthode de réduction du personnel : le **licenciement** ne s'opère que sur le **critère de l'utilité.** Il ne prend pas en compte la situation familiale ou l'ancienneté de l'ouvrier. En plus d'obéir, il faut donc que les ouvriers **s'abaissent à plaire** à leurs supérieurs afin d'augmenter leur chance de rester dans l'usine. Enfin, la philosophe dénonce la **soumission passive** aux ordres : celui qui ne fait qu'exécuter n'est qu'un outil. En revanche, si les chefs faisaient **confiance** à leurs employés pour accomplir une tâche avec **responsabilité** et **intelligence**, ces derniers **obéiraient avec honneur.**

7ème lettre – avril 1936

Face aux critiques adressées par Victor Bernard, la philosophe se défend d'être contre la discipline et la hiérarchie. En revanche, elle s'oppose à l'**obéissance absolue qui conduit à se résigner** et à souffrir. Par ailleurs, elle demande à Victor Bernard de lui organiser une journée d'étude à l'usine de Rosières.

8ème lettre – mai 1936

La philosophe propose à Victor Bernard de publier dans son journal d'usine un résumé vulgarisé d'Antigone (tragédie grecque écrite par Sophocle qui raconte l'histoire de la fille d'Œdipe). Elle souhaite que la **littérature** soit rendue **accessible** à tout le monde, y compris les ouvriers.

9ème lettre (fragment) - mai 1936

Après l'article sur Antigone, Simone Weil envisage de vulgariser l'histoire de la « création de la science moderne par les Grecs ». Puis, elle revient sur la **méthode arbitraire des licenciements** : les ouvriers **craignent d'être virés** sans raison objective et doivent donc **se rendre dociles et agréables.** Selon elle, le procédé qui aboutit au choix des licenciés devrait donc être **plus transparent.**

10ème lettre (fragment) – début juin 1936

Pour sa journée d'étude à l'usine, Simone Weil refuse de visiter un logement ouvrier : elle juge cela **dégradant** et blessant. Par ailleurs, elle remarque avec plaisir que des articles d'ouvriers ont été publiés dans le journal de l'usine.

11ème lettre (fragment) – 10 juin 1936

Simone Weil fait part à Victor Bernard de sa **joie à l'égard des grèves** de juin 1936. En réponse, Victor Bernard lui fera comprendre qu'il déplore le fait qu'elle prenne partie pour les ouvriers au détriment du patronat.

12ème lettre (fragment) – mi-juin 1936

En réponse à la réaction de Victor Bernard, Simone Weil lui fait remarquer que la situation n'est pas si difficile à vivre pour les patrons... De plus, elle considère qu'il est bon que **les ouvriers relèvent la tête** et obtiennent des avantages, mais aussi que pour une fois, **les chefs découvrent l'humiliation** et cèdent à la force. Elle se réjouit de ce rééquilibrage entre oppresseurs et opprimés.

Lettre à Boris Souvarine à propos de Jacques Lafitte

(ingénieur, auteur de Réflexions sur la science des machines), janvier 1936

Simone Weil fait la critique de l'ouvrage de Jacques Lafitte. Cet auteur compare les machines aux organismes vivants au vu de leur complexité. La philosophe aurait aimé qu'il étudie plutôt la **place des machines dans l'humanité.**

Deux lettres à Jacques Lafitte

1ère lettre – fin mars ou début avril 1936

Simone Weil discute du **rôle des machines dans le travail**. Elle soulève notamment trois points :

- Les machines peuvent **développer le « pouvoir créateur »** du travailleur, comme le font les outils dans l'artisanat.
- Les machines ne devraient **pas servir à réduire la part de travail dans la vie**. En effet, le travail devrait être un moyen de s'épanouir et non pas une corvée dont il faut se débarrasser le plus possible.
- Les machines ne devraient **pas séparer l'homme de la nature** mais faire le lien entre les deux (sur ce dernier point, la philosophe reste assez vague).

Puis, elle critique le **travail à la chaîne (en « série »)** qui divise les tâches et rend le **travail répétitif et abrutissant.** C'est l'inverse du **travail composé de plusieurs tâches** différentes **(en « suite »).** Elle pense que **les machines** devraient justement être automatisées pour

faire les tâches « en série » tandis que **les hommes** s'occuperaient du **travail qualifié,** c'est-à-dire des **suites** (par exemple, s'occuper du réglage des différentes machines). Enfin, elle imagine des machines assez « souples » (multifonctionnelles) pour être utilisées dans de **petits ateliers** plutôt que dans d'énormes usines.

2ème lettre – 14 avril 1936

Dans cette lettre, la philosophe déplore la spécialisation croissante des savants (dont la connaissance se borne à un domaine précis), et la recherche grandissante de loisirs par la population. Puis elle revient sur la réflexion des « suites » et « séries » : elle affirme que les **ouvriers** sont **trop occupés aux séries** (tâches séparées sans réflexion), et **s'occupent trop peu des suites** (création, planification, réflexion).

Article « La vie et la grève des ouvrières métallos »

Publié dans La Révolution prolétarienne, 10 juin 1936

Dans cet article, Simone Weil s'intéresse aux **mouvements de grève** sans précédent qui agitèrent le pays en juin 1936, et notamment l'industrie métallurgique. Précisant que ces grèves étaient généralisées mais pacifiques, elle en explique les **causes** à partir de sa propre expérience :

- **La soumission à une cadence** de travail infernale qui provoque **écœurement et épuisement.**
- **L'accablement** face à la nécessité de vivre ça jour après jour (à part le dimanche, et avant l'instauration des congés payés par le Front Populaire, il n'y avait que très peu de jours de repos dans l'année pour les ouvriers à cette époque).
- **L'obéissance et la docilité** : l'**exécution passive** des tâches et des ordres qui donne l'impression de n'être qu'un simple outil, l'obligation de ne pas déplaire, l'impossibilité de céder à ses humeurs, la **dépendance** au bon vouloir des chefs (Simone Weil évoque notamment une scène où elle s'est fait renvoyer sans

explication).

- **Les conditions difficiles** (la philosophe évoque par exemple un vestiaire d'usine glacial où elle devait laver ses mains blessées avec de la sciure de bois deux fois par jour).

- **La vie de famille durement impactée** par le travail (la philosophe évoque le cas d'ouvrières presque soulagées par la mort de leurs enfants/maris, parce que ce sont autant de bouches en moins à nourrir).

- **L'humiliation du jour de paie**, où chacun accepte son salaire sans savoir comment il est calculé.

- **La faim**, contre laquelle il faut lutter et qui risque d'entraîner un cercle vicieux : faim = moins productif = moins de salaire = moins d'argent pour manger...

- **La pauvreté** et l'obligation de faire attention à chaque sou dépensé.

- **La peur** : l'angoisse de la journée à venir, la crainte d'être en retard (1 minute de retard = 1 heure non payée !), d'être moins productif, de subir un accident, une réprimande.

Selon l'auteure, ces grèves ont eu un élément déclencheur : l'arrivée d'un **gouvernement socialiste** au pouvoir (le Front Populaire de Léon Blum), qui a été vécue par les ouvriers comme une bouffée d'oxygène. Ayant toujours été sous la pression, ils ont immédiatement saisi cette occasion pour respirer un peu et se retrouver en position de force. Au-delà des revendications, cette grève était donc avant tout un **moment de « joie pure »** : celle de pouvoir enfin **fraterniser** avec ses collègues, de **renverser le rapport de force** avec les chefs, de faire la fête dans les usines... Ce fut un relâchement sans cruauté, nourri par l'espoir d'imposer de nouvelles conditions au patronat.

Cependant, Simone Weil souligne aussi les limites du mouvement :

- Les ouvriers sont si relâchés qu'ils laissent quelques militants se charger seuls des négociations.

- Le risque de chômage (si les salaires augmentent trop, les entreprises ne pourront pas garder tout le monde) ou de mise en place d'un Etat totalitaire (à l'image du communisme russe).

Enfin, la philosophe propose de mettre en place dans chaque usine une **commission ouvrière qui pourrait contrôler les finances** (afin de voir si l'argent est bien réparti ou non). Elle suggère aussi de **réduire les écarts de salaire** entre chaque catégorie d'employés afin d'atténuer les inégalités sociales. Par contre, elle s'oppose à l'instauration de salaires minimums (les patrons, obligés de verser un salaire minimum aux personnes les moins productives, finiraient par les renvoyer).

Simone Weil termine sur une conclusion réaliste : les ouvriers savent que cette période de grâce ne durera pas. Toutefois, ils ont montré que jusqu'alors, **ils ne se soumettaient pas par volonté**, mais parce qu'ils n'avaient **pas** eu **d'autre choix.**

Lettres à Auguste Detœuf
(fondateur du groupe Alsthom, patron ouvert aux avancées sociales, il a permis à Simone Weil de travailler dans l'une de ses usines)

1ère lettre – 10-17 juin 1936

Dans un précédent courrier, Detœuf a accusé la philosophe de ne pas supporter la discipline. Simone Weil répond qu'elle n'a rien contre la discipline mais précise que la **discipline** doit être **« humaine »** : faire appel à la **bonne volonté**, à l'**initiative** et à l'**intelligence** du travailleur. Or, en usine, la discipline n'est qu'une **obéissance brutale** : **exécution aveugle et immédiate** des tâches, crainte de recevoir un ordre arbitraire, **soumission par peur** de perdre son emploi et dans le seul but d'avoir un salaire... Dès lors, l'ouvrier a deux possibilités : soit il sombre dans l'**inconscience** pour **oublier** ces injustices et ces **humiliations**, soit il reste **conscient** et digne, ce qui le conduit au **désespoir**.

Par rapport aux grèves en cours, la philosophe insiste sur l'importance d'accorder une victoire aux ouvriers. Autrement, ils retomberaient plus durement dans l'humiliation et le désespoir. Elle évoque donc la possibilité que les ouvriers puissent avoir un **droit de regard sur le calcul des salaires.**

2ème lettre – 19 juin 1936

Dans cette lettre, Simone Weil évoque deux issues possibles au mouvement de grève :

- Le **rétablissement brutal de l'ordre** par le pouvoir patronal en place.
- La **mise en place d'un Etat totalitaire** si la classe ouvrière renverse le patronat et impose sa domination.

Cependant, elle évoque une autre possibilité : le **partage des responsabilités.** Concrètement, elle propose la création de commissions permettant aux ouvriers de **s'exprimer sur l'organisation et la gestion des entreprises** (la philosophe ne détaille pas leur fonctionnement mais on peut imaginer des réunions lors desquelles les ouvriers seraient conviés à partager leur avis sur l'organisation de leur usine). Le but est que les ouvriers ne sentent pas esclaves d'une « domination arbitraire » mais puissent **comprendre le bien-fondé des ordres** qui leur sont donnés.

3ème lettre – publiée en décembre 1937 dans Les nouveaux cahiers

Dans cette lettre, Simone Weil retranscrit une conversation entre deux patrons d'usines qu'elle a entendue dans le train. Ces deux patrons se disent écœurés de ne plus pouvoir embaucher et licencier les employés comme ils le souhaitent (car des commissions composées d'ouvriers ont récemment été mises en place : elles permettent de contrôler le recrutement et le licenciement dans les usines). Ils croient ne plus avoir rien à perdre (la philosophe remarque tout de même qu'ils sont loin d'avoir tout perdu). Ils suggèrent donc que tous les patrons **ferment leurs usines** pour montrer que **rien ne tourne sans leur argent** (mais Simone Weil estime que **si les patrons entraient en grève**, il suffirait de **confisquer leurs usines**). La philosophe en conclut qu'il règne dans le pays un **climat de guerre civile** entre la classe ouvrière et la classe des bourgeois.

Réponse d'Auguste Detœuf

Auguste Detœuf demande à Simone Weil de se mettre à la place des patrons dont elle se moque : il rappelle que ces hommes se sont **battus et ont investi** pour créer leur entreprise, sans personne pour les aider et dans le respect des règles du « jeu ». Il ajoute que ces hommes, en voulant gagner de l'argent, contribuent aussi à **l'enrichissement de la nation**. Ils ne comprennent donc pas que leur travail soit remis en cause par la force des grévistes. Detœuf ajoute que ces patrons seraient vraiment persuadés de tout perdre s'ils perdaient **leur entreprise**, celle-ci étant leur **seule raison d'être.** Enfin, Detœuf estime que ces patrons ne peuvent pas être si facilement remplacés par des gens qui ne maîtrisent pas les rouages de l'économie. En conclusion, Detœuf pense qu'il faudrait **empêcher les abus du patronat**, mais **modérer la part de contrôle que peut exercer l'ouvrier** dans le processus de recrutement.

La rationalisation
conférence prononcée devant un public d'ouvriers, le 2 février 1937

Trouver l'équilibre entre progrès scientifique et progrès humain

En introduction, Simone Weil définit la **rationalisation** comme une **méthode scientifique** permettant d'**organiser le travail en vue d'améliorer la production**. Cependant, ce progrès industriel a instauré un **régime problématique pour les travailleurs**. Pour résoudre ce problème, les anticapitalistes (socialistes, communistes, anarchistes) ne cherchent qu'à **augmenter la paie** des salariés. Selon l'auteure, ils oublient que **c'est avant tout la servitude** des ouvriers qui cause leur plus **grande souffrance**.

La solution serait que les ouvriers puissent **produire** autant tout en étant **heureux de produire,** grâce à un **travail agréable**. Il faudrait donc **organiser le travail** de manière à **équilibrer les intérêts** de l'ouvrier (ses droits, son moral) avec ceux du patron (la production). Pour aboutir à ce compromis, il faut d'abord comprendre comment fonctionne le régime en place.

La rationalisation, un régime inhumain

Ce régime est issu de **la rationalisation créée par Taylor.** Taylor est décrit comme un être plutôt infâme qui, étant bourgeois, a rapidement gravi les échelons au sein de son usine. Son unique objectif était d'**augmenter la cadence de production** grâce au **contrôle du travail** des ouvriers (le but était qu'ils ne puissent plus travailler à leur manière ou à leur rythme). Il cherchait à **améliorer le rendement des machines** mais aussi **des hommes**. Taylor y est parvenu grâce à :

- De nouvelles **méthodes d'usinage** (suite à l'étude des procédés les plus **efficaces**).
- La **division du travail** et le **calcul précis du temps** nécessaire pour **chaque opération**.
- Le système de **« travail aux pièces avec prime »** :
  on déterminait le nombre maximum de pièces qu'il était possible de fabriquer par heure. Puis, on fixait une prime pour ce rendement maximum. S'il n'était pas atteint, l'ouvrier était

moins payé voire renvoyé…

L'auteure ajoute que le taylorisme ne servait qu'à la **production de produits superflus**, de luxe ou à l'industrie de guerre. Selon Taylor, ces produits étaient bon marché mais permettaient aussi au patron et à l'ouvrier de gagner plus. En réalité, l'ouvrier gagnait « plus » en une journée pour la seule raison qu'il **travaillait plus dans un même laps de temps.** Mais il était **loin de travailler dans de meilleures conditions.**

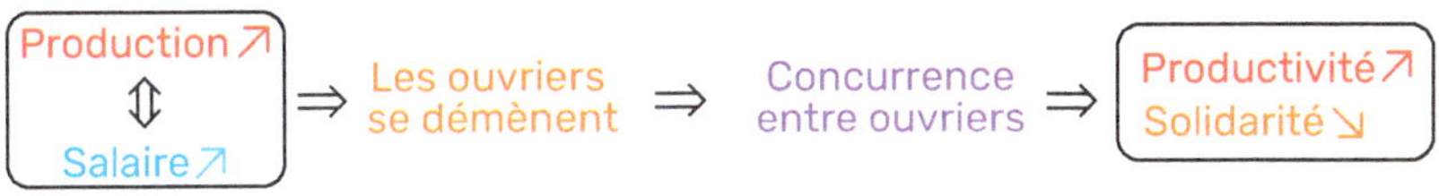

Ensuite, Ford a inventé le **travail à la chaîne**. Cette organisation a permis de **remplacer les ouvriers qualifiés** (réalisant plusieurs tâches **méthodiques** faisant appel à l'habileté et à l'intelligence) **par des exécutants** (réalisant une seule tâche **mécanique** facile à accomplir).

Ainsi, le patronat a découvert qu'il pouvait **augmenter les rendements** autrement qu'en allongeant la journée de travail : il suffisait d'**augmenter l'intensité du travail** en repoussant à l'extrême les limites physiques du travailleur dans un temps donné. Simone Weil en souligne les conséquences :

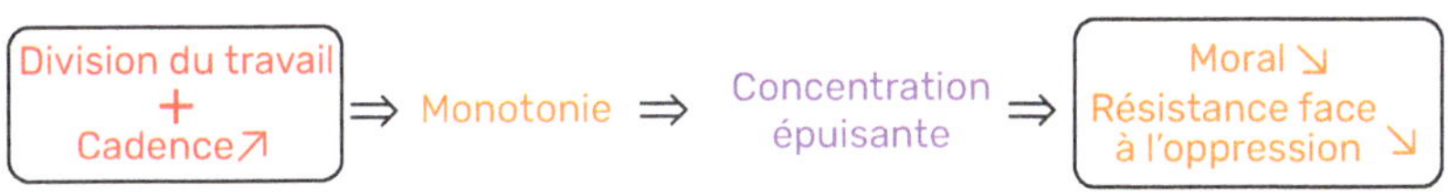

En conclusion, l'auteure estime que la **science** est **utilisée** dans le domaine de l'industrie **pour exploiter l'homme** par la contrainte, sans aucune considération morale. Elle ajoute qu'une véritable rationalisation supposerait un progrès technique qui n'exploite plus les travailleurs.

Article « Expérience de la vie d'usine »

Écrit début 1936, modifié en 1941, remodifié pour une publication en juillet 1942 dans la revue Economie et humanisme

Dans cet article, Simone Weil veut **expliquer le malheur des ouvriers** en prenant appui sur son expérience d'avant 1936 (où les conditions étaient encore pires en raison de la crise économique).

Les souffrances de l'ouvrier

La philosophe affirme que le travail à l'usine pourrait être stimulant grâce à la solidarité ou au fait de dominer la matière par les machines. Cependant, ces joies n'existent pas car l'ouvrier n'est pas libre :

- Il doit **se plier à une organisation temporelle stricte et mécanique** (aucune souplesse, aucune surprise).
- Son **travail** est si **monotone** que son **avenir** est **insupportable à imaginer** (car la même tâche s'y répète à l'infini) : il se replie sur le présent et trouve le temps long.
- Bien que son travail soit monotone, il n**e peut pas se relâcher** : il doit suivre une **cadence ininterrompue**, et ce dans la crainte d'un éventuel incident.
- Il n'a **aucune reconnaissance,** pas même quand il parvient à résoudre un problème tout seul (alors qu'il n'y a presque pas de coopération).
- Il se sent **réduit à l'état de « chose »** ou de rouage, car les objets qu'il fabrique semblent avoir plus de valeur que lui-même.
- Il a pour **seules motivations le salaire** et **la peur** de ne pas l'obtenir.
- Sa pensée rétractée le rend **brutal** et **indifférent** aux autres êtres humains autour de lui.
- Il a le sentiment d'être **étranger** à l'usine : il ne peut pas s'approprier les objets et les lieux où il consacre pourtant sa

vie et toute son énergie. Au contraire, il ne laisse jamais une marque personnelle : c'est une pièce indispensable mais **interchangeable.**

- Il **endure en silence** et préfère taire son malheur par pudeur, par humiliation.

Améliorer le bien-être au travail

Selon l'auteure, **le travail devrait procurer de la joie**. C'est pourquoi il ne faut pas forcément diminuer le temps de travail ou augmenter les salaires, mais surtout changer le rapport au travail. L'ouvrier devrait avoir **d'autres motivations** que la paie :

- **La fierté** : l'effort de l'ouvrier sert à autre chose qu'à recevoir de l'argent. Il doit savoir quelle est l'importance de son travail, connaître son but, sa fonction, sa portée.
- **Le savoir-faire** : les tâches simples et répétitives devraient être accomplies par des machines automatisées plutôt que par des hommes. L'ouvrier devrait être le chef d'orchestre des machines.
- **La projection dans l'avenir** grâce à l'**autonomie** : l'ouvrier devrait pouvoir organiser son travail sur une période de quelques jours en vue d'atteindre un objectif, avoir le sentiment d'avancer vers quelque chose (autre chose que le jour de la paie). Bien que cela ne fasse pas disparaître la peine, l'ennui ou une certaine monotonie, le travail serait **moins écœurant.**

Pour mener ces réformes, la philosophe évoque la difficulté d'établir une **confiance mutuelle** entre ouvriers et patrons. Le patronat se méfie des réformes sociales alors qu'elles pourraient instaurer plus d'**ordre** : en effet, l'ouvrier dégoûté par le travail risque de se révolter brutalement. Il représente une plus grave menace que l'ouvrier épanoui. L'auteure estime que les ingénieurs ont un rôle essentiel : au-delà de construire des objets, ils devraient d'abord chercher à éviter de rabaisser l'humain.

Tout ce qu'on peut faire provisoirement...

Article « La condition ouvrière » 

Écrit le 30 septembre 1937,
modifié pour une publication le 15 novembre 1937 dans Les Nouveaux Cahiers

Dans cet article, Simone Weil explique les principaux **obstacles à l'amélioration de la condition ouvrière.**

L'effet pervers du progrès social

L'obstacle principal tiendrait à la **diversité de cette condition** dans les pays du monde : il y a des ouvriers plus malheureux (plus exploités), et des moins malheureux (moins exploités).

Ce déséquilibre a pour conséquence un **nivellement par le bas** de la condition ouvrière en général. En effet, les pays où les travailleurs sont les plus **exploités** sont plus **compétitifs**.

À l'inverse, le **progrès social freine la compétitivité** économique d'un pays. Le progrès social est donc synonyme de **danger**. Les dominants cherchent alors à freiner le progrès social et à favoriser l'exploitation.

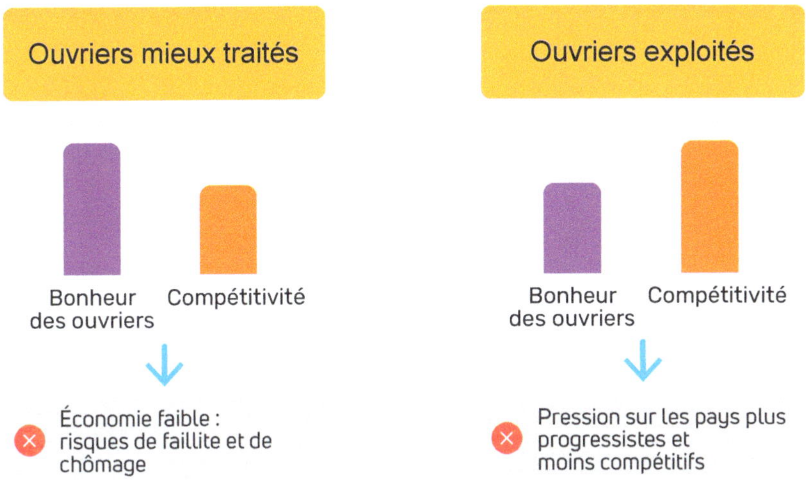

De plus, s'il y a **moins de production**, il y aura aussi moins à consommer pour le bien-être et les loisirs, et **plus de pauvreté :**

Progrès social ↗ ⇒ Travail ↘ ⇒ Production ↘ ⇒ Consommation ↘ ⇒ Qualité de vie ↘

Réguler la production mondiale

Selon Simone Weil, ce cercle vicieux n'est pas insurmontable. Pour que le progrès social n'ait pas d'effet négatif sur le dynamisme économique d'un pays, il y aurait trois principes à mettre en place :

1. Ne produire que ce qui est nécessaire à la consommation (seulement l'utile et l'agréable)

Une large part de ce qui est produit serait **superflue**. Pour distinguer le nécessaire du superflu, il suffirait d'observer les conséquences d'une production amoindrie à l'échelle internationale.

Ex : Si la France ne produit pas assez de blé pour nourrir sa population et que les autres pays n'en produisent pas assez pour lui en fournir, c'est la famine : le blé est nécessaire. En revanche, si la France diminue sa production d'armes et que les autres pays en font autant, cela n'aurait aucun dommage sur la qualité de vie (au contraire) : les armes sont donc superflues.

L'auteure précise que la réalité est plus complexe : la plupart des marchandises sont nécessaires mais sont produites en **surabondance** (c'est l'excès qui est superflu). Cette surabondance existe **à cause de la concurrence** des pays entre eux. En effet, la concurrence pousse sans cesse à produire plus.

Ex : les voitures sont utiles mais on en produit plus que le nécessaire. Seulement, il est impossible pour un pays de n'en produire que la quantité nécessaire : la concurrence étrangère viendrait inonder le marché, causant la faillite des entreprises locales qui limitent leur production.

2. Réguler la concurrence au niveau mondial

Puisqu'il est difficile de remettre en cause le principe de la concurrence, la solution consiste donc à **réguler la concurrence en fixant des limites à la production.**

Ex : il serait possible de limiter la production de voitures en fixant dans tous les pays un nombre d'heures maximum de production par semaine (ce qui permettrait aussi d'offrir plus de temps libre aux ouvriers).

3. Imposer chaque progrès social à l'échelle mondiale

Enfin, pour éviter qu'un progrès social désavantage un pays face à la concurrence, il faudrait que tous les pays l'adoptent en même temps. Cependant, l'auteure remarque qu'il n'y a pas d'action concertée entre les mouvements ouvriers du monde entier. Elle en explique certaines causes :

- Par orgueil : les hommes aiment avoir des « inférieurs » et maintiennent donc la hiérarchie.
- Les Etats ne s'emparent jamais de ces sujets qui pourtant favorisent l'égalité et donc la paix.
- Une action ouvrière isolée déséquilibre un pays, ce qui incite les autres pays à prendre le dessus.
- Le progrès social pousse un pays à se replier sur lui-même pour

protéger ses privilèges, craignant de voir affluer les travailleurs des pays étrangers.

Article « Condition première d'un travail non servile »

Écrit en avril 1942, partiellement publié en 1947 dans Le Cheval de Troie

Travailler pour survivre, un mal profond

Selon Simone Weil, le travail asservit l'homme s'il n'apporte **rien d'autre qu'un moyen de subsistance** : au lieu de **fournir un effort pour obtenir un « bien » (finalité)**, l'ouvrier travaille seulement pour **rester en vie (nécessité)**. Pourtant, c'est le **désir** d'obtenir quelque chose qui motive l'homme à **produire un effort**. Or, l'effort sans récompense produit l'écœurement.

Ainsi, l'ouvrier est proche de l'esclave : son effort ne lui sert qu'à se maintenir en vie. Mais **survivre n'est pas une finalité** pour l'homme. Une telle vie tourne tristement sur elle-même : on travaille pour manger, on mange pour travailler… Telle serait la cause de la **démoralisation du peuple.** Pour **supporter cette existence vide**, soit il ne faut **ne pas se poser de questions**, soit il faut **trouver des compensations** :

- Des **plaisirs** « faciles et violents » (sexe, usage de stupéfiants) : compensation peu réjouissante.
- **L'espoir d'une ascension sociale** pour soi-même ou pour ses enfants : attente qui peut s'avérer douloureuse si cette ascension n'arrive jamais.
- **L'espoir d'une révolution** : espoir légitime (car il s'agit de se révolter contre l'injustice) mais illusoire, car une révolution ne fait pas disparaître le malheur du travail ouvrier tel qu'il existe.

À côté de ces compensations, **l'argent** est présenté comme un bien qui peut donner un but supérieur au travail de l'ouvrier. Mais selon la philosophe, l'argent serait au contraire un **grand facteur**

d'insatisfaction. En effet, pour l'ouvrier, la perspective de s'enrichir signifie la possibilité de changer de situation. Seulement, comme il ne peut pas s'enrichir en étant ouvrier, il est condamné à rester ouvrier : l'espoir du gain d'argent devient pour lui un **désir inapaisable** et profondément frustrant.

Le remède : la beauté au travail

Il n'y aurait qu'un seul remède permettant de **rendre cette existence** douloureuse plus **supportable : la beauté**. En effet, **la beauté satisfait nos désirs** et elle peut être accessible à tous.

Attention, Simone Weil ne parle pas de la **beauté** d'une personne ou d'un objet que l'on voudrait avoir, mais de la beauté que l'on aime dans une œuvre d'art par exemple. Plus précisément, la philosophe évoque une **vie** rendue **symboliquement belle et poétique grâce à la religion** (Simone Weil était de confession chrétienne). Cette beauté devrait se retrouver dans le travail lui-même, ce qui est facile quand on est artiste... Mais qu'en est-il quand on est ouvrier ?

Selon l'auteure, il faudrait permettre aux ouvriers de penser à Dieu (= beauté suprême) à tout moment, de voir Dieu partout comme dans une église. Seulement au **travail**, toute l'attention est portée sur la matière, les outils, les gestes... Il faudrait donc que le travail lui-même puisse **inspirer** ce que la philosophe appelle la « prière » ou **« la plénitude de l'attention »** (une forme de méditation). Pour cela, il faut voir dans le travail autre chose qu'une tâche purement utilitaire. Il faut y voir des **symboles.**

Ex : l'agriculteur qui sème son grain est concentré sur le grain. Or, le grain a une portée symbolique : il apporte une renaissance, il représente le cycle de la vie / On peut se représenter la croix du Christ dans le levier d'une machine / En portant une lourde charge, on peut s'imaginer le Christ portant sa Croix

Selon l'auteure, il y aurait une infinité de **symboles religieux et surnaturels** qui pourraient rendre le travail plus beau. Cela serait valable pour le travail physique mais aussi intellectuel. Tout travail peut et devrait permettre cette **sorte de contemplation.**

Changer notre rapport au travail pour en voir la beauté

L'éducation devrait notamment contribuer à **transmettre ces images** poétiques et religieuses. Mais aussi former les élèves à être attentifs à cette beauté. De plus, cela permettrait de **compenser le sentiment d'infériorité intellectuelle** des travailleurs moins qualifiés, car **n'importe quel travail** aurait une **grande portée spirituelle.** Pour que cela soit possible, il faudrait néanmoins **supprimer toute forme de travail** qui nécessite une **attention abrutissante** (taylorisme) incompatible avec la contemplation et la « prière ».

En conclusion, l'auteure pense que pour **résoudre les problèmes économiques**, la société devrait d'abord faire en sorte que le travail ne soit pas abrutissant, mais **procure de la joie**. Elle précise enfin que la joie est ressentie, non pas malgré, mais grâce à la souffrance (un effort nous rend euphorique s'il nous fait gagner quelque chose) : **l'ouvrier,** qui **souffre forcément** au travail, serait donc **le mieux placé pour vivre cette joi**

Résumé de l'œuvre

Géorgiques

Virgile

Voir la vidéo du résumé

Tu peux commencer par visionner la vidéo pour clarifier les points importants.

https://www.prepa-up.com/georgiques/

Présentation générale de l'œuvre

Les Géorgiques forment un seul et long **poème** écrit par Virgile, poète de l'Antiquité romaine. L'œuvre a probablement été publiée en 29 avant J-C, date à laquelle elle aurait été lue en présence du « quasi-empereur » romain de l'époque (il ne l'est pas encore officiellement mais presque) : Octave (également appelé « Octavien », « Octave-Auguste », « Auguste » ou encore « César »).

Dans cette œuvre, Virgile traite de l'agriculture, notamment de la culture des champs, des arbres fruitiers (surtout la vigne) ainsi que de l'élevage du bétail et de l'apiculture. D'ailleurs, le terme « géorgiques » peut se traduire par « relatif aux travaux de la terre » : « géo » signifie « la terre » (comme dans « géo-graphie ») et « ergon » signifie « œuvre » ou « travail » (comme dans le mot « ergo-nomie »). Sur la base d'un traité d'agriculture détaillé, le poète fait l'**éloge du pénible mais valeureux travail paysan**, ainsi que de la nature et des dieux qui en sont les protecteurs.

Il faut savoir que le texte a été écrit dans une période de guerres civiles agitant l'Empire romain. Dans ce contexte, l'objectif manifeste de l'œuvre était d'appeler Octave à rétablir **la paix et la prospérité par la glorification du travail paysan (et de ses valeurs),** socle d'un empire stable.

Contexte historique

Comme nous l'avons souligné plus haut, l'œuvre a été écrite (entre -37 et -30) dans un contexte de guerre (mais aussi d'essor artistique) se répercutant notamment sur le monde paysan :

- **De la mort de Jules César à celle de Marc-Antoine :** en -44, Brutus assassine Jules César pour mettre fin à son pouvoir quasi monarchique et rétablir pleinement la République. Mais la succession est chaotique car il y a des divisions entre « pro-Jules César » et « anti-Jules César ».

  Octave, fils adoptif de Jules César, fait partie de ceux qui veulent venger sa mort. Il forme une alliance avec Marc Antoine et Lépide. Les trois hommes deviennent chefs de la République romaine : c'est ce qu'on appelle un « triumvirat ».

  Ils vont d'abord chasser et tuer leurs opposants jusqu'en -36. Puis ils vont se faire la guerre entre eux !

  Une guerre qui se termine en -29 avec la mort de Marc Antoine qui se suicide aux côtés de Cléopâtre, qui était devenue sa maîtresse.

  Octave est victorieux et gouverne désormais seul Rome et son Empire. Il se donnera le titre d'« Empereur César Auguste » deux ans plus tard.

↳ Au fil du poème, Virgile rend plusieurs fois hommage aux victoires et conquêtes d'Octave. Virgile le nomme d'ailleurs « César » (qui n'est pas un nom de famille mais un titre impérial), le reconnaissant comme héritier légitime du célèbre Jules. En -29, alors que les conflits se résorbent, le poète en profite pour passer un **message de paix** auprès du futur empereur, en s'appuyant sur les **valeurs du monde paysan.**

- **Le monde paysan** sous l'Empire romain :

Dans l'Antiquité, **l'agriculture** est l'activité qui regroupe le **plus grand nombre de travailleurs.** Certaines sources estiment qu'un tiers de la population totale de l'Italie travaille alors dans le secteur agricole. La principale culture est celle des céréales (blé et orge), suivie de la vigne et de l'olivier. Le pain était déjà l'aliment le plus consommé par les Romains, qui produisaient beaucoup de vin et d'huile également.

↳ Virgile parle logiquement des **cultures les plus répandues** à son époque : les céréales (livre premier), la vigne et l'olivier (livre deuxième). Le sujet de l'agriculture est alors d'autant plus d'actualité lorsqu'il écrit que les guerres internes **se répercutent sur le ravitaillement des villes** et augmentent l'insécurité des campagnes.

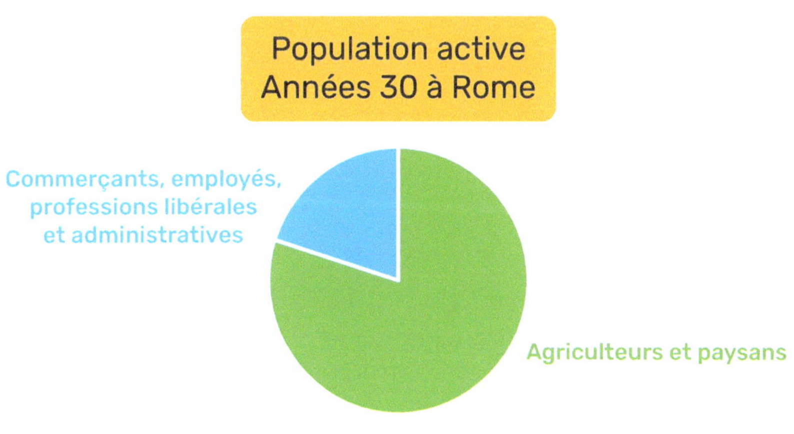

- **L'essor de la poésie grâce au « mécénat » :** grâce à la protection d'un très riche Romain nommé Mécène, la poésie est un art qui se développe de manière remarquable à cette époque (jusqu'alors, l'éloquence, c'est-à-dire l'art d'écrire de beaux discours, dominait la littérature romaine).

  C'est d'ailleurs Mécène qui a donné son nom aux personnes ou entreprises qui soutiennent financièrement les artistes : on parle de « mécènes », on dit qu'ils font du « mécénat ».

↳ Virgile a été **soutenu par Mécène,** ce qui lui a permis de se consacrer aux Géorgiques (et d'écrire l'Enéide dans la foulée, épopée à la gloire du peuple romain et œuvre majeure de l'Antiquité). Ainsi, le nom de Mécène apparait à quelques reprises dans l'œuvre. Cet ouvrage a d'ailleurs été commandé par Mécène lui-même.

Structure de l'œuvre

2 187 vers… Oui, ce poème est plutôt long ! Précisons d'abord qu'il s'agit bien de poésie même s'il n'y a pas de rimes : c'est que la poésie dans l'Antiquité est surtout une affaire de rythme. Elle était destinée à être déclamée oralement plus qu'à être lue. Les vers de Virgile sont des **hexamètres (six syllabes) :** il s'agit du découpage classique de la poésie grecque et romaine. C'est l'équivalent des alexandrins dans la poésie classique française.

Par ailleurs, Les Géorgiques sont divisés en quatre livres de longueur à peu près égale :

- Le **livre premier** (514 vers) : il aborde principalement le sujet de la **culture des céréales,** en particulier du blé. Il apporte aussi des précisions sur les différents types de sols et des indications permettant de prévoir la météo.
- Notons que cette première section intègre une introduction (vers 0 à 22) : cette partie est placée avant l'ouverture du livre premier dans l'édition prescrite (non, ce n'est pas un bug d'impression mais le choix de l'éditeur ; d'autres traductions préfèrent consolider tout le premier livre d'un seul bloc).
- Le **livre deuxième** (542 vers) : il aborde principalement le sujet de l'**arboriculture**, notamment la culture de la vigne et de l'olivier. Le poète profite de ce livre pour faire l'**éloge de l'Italie et de la vie paysanne.**
- Le **livre troisième** (566 vers) : il aborde principalement le sujet

de l'**élevage**, plus particulièrement des vaches et chevaux, mais aussi des chèvres, brebis et moutons. Le poète livre également une réflexion sur **l'amour** (en parlant de reproduction animale) et sur **la mort** (en évoquant les maladies animales).

- Le **livre quatrième** (565 vers) : il aborde principalement le sujet de l'**apiculture**. Les abeilles y sont clairement comparées à des êtres civilisés qui vivraient au sein d'une **société idéale.** La fin de ce livre est consacrée au mythe d'Aristée qui aborde symboliquement le thème de **la mort** et de **la renaissance** (les abeilles du berger Aristée meurent et renaissent plus tard grâce à un rituel religieux).

Notons que cette dernière section intègre une conclusion pour toute l'œuvre (vers 558 à 566).

Au-delà de la structure, petite parenthèse sur le style : entre nous, la traduction imposée cette année (celle de Maurice Rat) n'est pas la plus simple à lire... Si tu sens que tu as trop de difficultés pour lire l'œuvre entièrement (et que tu veux absolument l'avoir lue), choisis une autre édition où la traduction te semblera plus facile. Attention : il faut quand même te procurer l'édition imposée car tu devras l'utiliser dans tes dissertations.

Résumé express

Des conseils pratiques

Un poème qui donne des conseils en agriculture ? Étrange… Et pourtant, dans l'Antiquité, la poésie didactique (= qui vise à instruire le lecteur) est un genre littéraire très présent.

Une théorie suppose que Les Géorgiques auraient pu servir à instruire des vétérans de la guerre ayant obtenu des terres agricoles en remerciement de leurs services. Comme ils ne connaissaient rien au métier de paysan, un manuel était pratique… Que cela soit vrai ou non, une grande partie du poème de Virgile est en tout cas dédiée à la **transmission de connaissances agricoles.** Le poète va même loin dans les détails. Par exemple, il explique comment fabriquer l'araire recourbé (outil permettant de creuser des sillons dans la terre), comment planter et entretenir la vigne, comment nourrir un étalon ou encore comment aménager une ruche !

La précision de l'œuvre est impressionnante car nombre de techniques sont encore valables aujourd'hui, ce qui démontre une **connaissance poussée des mécanismes de la nature**. Bien sûr, certaines techniques ou observations sont désormais admises comme étant fausses ; il faut reconnaître que les Romains pouvaient encore manquer de rigueur scientifique ou étaient un peu trop influencés par les croyances mythologiques.

D'ailleurs, Virgile met **côte à côte l'aspect manuel et la dimension spirituelle du travail** : si le vigneron doit arracher les mauvaises herbes, il doit aussi prier Bacchus (dieu du vin) pour espérer obtenir une bonne récolte !

À première vue, l'œuvre semble donc s'adresser directement aux paysans. Mais ce point est sujet à débat chez les interprètes de Virgile. D'ailleurs, même si une part non négligeable de la population savait lire, on peut douter du fait que beaucoup de paysans de l'époque aient lu (ou entendu) Les Géorgiques... En fait, le sujet est presque un prétexte pour aborder une réflexion plus large sur la vie paysanne.

Éloge du travail agricole

Plus qu'un simple traité d'agriculture, le poème de Virgile est surtout une œuvre... poétique ! La beauté du langage employé souligne les **richesses de la nature** (méditerranéenne) et la **valeur du travail paysan**. Dans chaque livre, certains passages confèrent une **dimension sacrée** à ce travail, comme pour le faire aimer à ses lecteurs :

- Dans le livre premier, Virgile explique que le travail agricole est dur pour une bonne raison : Jupiter (père de tous les dieux et dieu du ciel dans la mythologie romaine) ne voulait pas que les hommes se reposent tranquillement sur leurs acquis. Il leur a alors compliqué la tâche en faisant de la nature un milieu difficile à maîtriser. Les hommes ont donc dû s'efforcer de développer divers « arts » pour subvenir à leurs besoins. L'origine de la **pénibilité du travail** serait divine...

- La fin du livre deuxième défend l'idée que le paysan vit d'un **bonheur simple :** loin des excès de la ville et de ses conspirations politiques, le paysan n'est pas corrompu par le luxe ni l'ambition. Mais proche de la nature, il profite de sa beauté, en comprend les mystères et en tire toute sa subsistance par un **effort fructueux.** Cette manière de vivre le rend **vertueux** : courageux, pieux, respectueux, persévérant...

- Le livre troisième met en avant la proximité des hommes et des bêtes. En effet, l'observation du **comportement animal** en dit long sur les **instincts** qui animent les hommes, notamment **l'amour.** Il s'agit aussi de rappeler l'interdépendance homme/animal qui permet aux uns et aux autres de vivre mieux.

- Dans le livre quatrième, l'apiculture est encore une occasion de prendre une divine leçon de la nature : les abeilles ont une **organisation du travail intelligente et collective.** Elles se réunissent autour d'un « roi » (les Romains pensaient que les abeilles avaient des rois et non des reines) qui assure la cohésion du peuple. Leur « société » miniature est présentée comme exemplaire par le poète.

Les Géorgiques font donc l'éloge des **liens de l'homme avec la nature,** tissés grâce au **travail agricole**. Et l'œuvre va plus loin encore...

Hymne aux dieux, à Octave et à la paix

À la lecture de l'œuvre, tu seras certainement frappé(e) par les envolées lyriques (passages enflammés, riches en images poétiques) qui intègrent de nombreuses références aux dieux, à la mythologie gréco-romaine et à une personnalité politique en particulier : Octave. Dans ces strophes passionnées, les principaux thèmes abordés sont **la guerre, la mort, la renaissance et la paix**. En s'adressant ainsi à ceux qui gouvernent le monde, Virgile espère le retour d'un âge plus harmonieux.

Quel rapport avec la paysannerie ? Eh bien, la réponse est liée à la mythologie latine : aux origines de l'humanité, certains dieux et héros ont permis aux hommes de **transformer et dompter la nature** afin de **jouir de ses bienfaits.** Les hommes d'alors étaient tous des cultivateurs qui vivaient **en harmonie** avec leur environnement. Le poète appelle donc chacun à célébrer les divinités et le travail du cultivateur qui assurent l'**équilibre** de l'humanité et l'**abondance** de ressources.

Quant à Octave, Virgile l'honore comme celui qui, après tant de guerres, est parvenu à rétablir la stabilité sur l'Empire romain. Il lui revenait donc de **créer les conditions d'un nouvel âge de paix et d'abondance** où la paysannerie pourrait travailler sereinement.

Tel est le message essentiel du livre : au cœur d'une société de plus en plus complexe, le **travail paysan** incarne des **valeurs de sobriété, de stabilité et de pondération.** Il constitue un facteur de **prospérité** et de **paix,** il est une condition du **bonheur** et le ciment de la **patrie.** Les Géorgiques sont donc moins un traité didactique (dont l'objectif serait d'enseigner les techniques agricoles) qu'un ouvrage esthétique et moral.

Résumé par chapitre

Dans ce résumé, chaque livre est découpé en fonction des sujets abordés au fil du poème. Les vers correspondants à chacune de ces sous-parties sont indiqués entre parenthèses. Cela te permet de les retrouver dans le livre où chaque haut de page précise l'intervalle de vers retranscrits sur cette page (Ex : sur la page 100 figurent les vers 91 à 122 => on y retrouve donc la sous-partie « favoriser la fertilité des sols » qui s'étend des vers 70 à 120).

Livre premier : le labourage

Annonce du plan *(vers 1-4)*
Cette « introduction » en forme d'« annonce de plan » présente le thème des 4 livres qui composent Les Géorgiques : la culture des céréales, la culture de la vigne, l'élevage du bétail et l'apiculture.

Hommage aux dieux *(vers 5-22)*
L'introduction se poursuit avec un hommage aux divinités qui se rapportent à l'agriculture, notamment Liber (dieu de la fécondité, de la plantation et de la fructification, assimilé à Bacchus), Cérès (déesse de l'agriculture, des moissons et de la fertilité), Neptune (dieu de la mer, des eaux vives et des sources, et protecteur des chevaux) et Minerve (déesse des artisans, des travailleurs et créatrice de l'olivier).

Culte à César *(vers 23-42)*
Dans ce passage, Virgile fais l'éloge d'Octave (appelé « César ») en présageant son ascension parmi les dieux.

Le labourage des terres *(vers 43-69)*
Virgile entre dans le vif du sujet. Il préconise de labourer la terre au début du printemps. Il précise que selon la composition de la terre, telle ou telle culture est favorisée (céréalière ou fruitière par exemple). De même, selon l'humidité ou la sécheresse, le labourage doit être plus ou moins profond.

Favoriser la fertilité des sols *(vers 70-120)*
Virgile conseille les jachères (repos de la terre entre deux cultures), la rotation des cultures, l'ajout d'engrais et l'écobuage (technique qui consiste à brûler la terre pour la défricher et la fertiliser). Après les semailles (périodes de l'année où l'on sème les grains), les terres doivent être irriguées par drainage.

Genèse du travail agricole *(vers 121-159)*
Le poète prétend que Jupiter a volontairement rendu le travail agricole difficile. Avant, la terre produisait sans intervention humaine (dans la mythologie romaine, cette époque est appelée « l'âge d'or »). Puis Jupiter, ne voulant pas que les mortels profitent de la nature sans rien faire, leur a mis des bâtons dans les roues (maladies, sécheresses, pénuries, mauvaises herbes, nuisibles…). Les hommes furent obligés de développer « différents arts » (chasse, pêche, fabrication des outils agricoles) pour se nourrir en travaillant dur.

Les outils agricoles *(vers 160-192)*
Le poète décrit les principaux outils du paysan. Parmi ceux-là, l'araire courbé (qui permet de creuser des sillons dans la terre). Il évoque aussi la préparation de « l'aire », la surface où l'on battait les céréales (pour séparer le grain de l'épi).

Sélection des semences *(vers 193-203)*
Virgile insiste sur la sélection des semences qui, au fil des années, s'appauvrissent et dégénèrent. Il faut donc s'efforcer de conserver les meilleures graines de chaque espèce à chaque récolte.

Calendrier agricole *(vers 204-256)*
Le poète établit une sorte de planning des semailles sur l'année. Pour se repérer, il faut observer le ciel : les saisons sont rythmées par le mouvement des constellations dont Virgile décrit les positions depuis

le point de vue de la zone méditerranéenne.

Les jours *(vers 257-296)*
L'auteur décrit les activités possibles du cultivateur lors des jours de pluie (commerce, fabrication et entretien d'outils…). Il conseille aussi d'éviter ou, au contraire, de faire certains travaux lors de jours précis (définis par rapport aux phases lunaires). Le poète préconise enfin certains travaux de nuit (facilités par la fraîcheur et l'humidité).

Hiver/été *(vers 297-310)*
Virgile oppose les dures moissons de l'été au repos du laboureur en hiver (néanmoins occupé par la cueillette de certains fruits ou la chasse).

Prévisions météo *(vers 311-423)*
Le poète évoque les risques de tempête en automne et en hiver. Pourquoi les tempêtes ? Parce qu'elles peuvent réduire tout le travail humain à néant. Pour prévoir ces tempêtes, il préconise de nouveau l'observation des astres. Mais surtout, il conseille d'organiser fêtes et rituels en l'honneur de Cérès au printemps. Puis l'auteur décrit certains signes permettant de prévoir :

- Le vent : mer agitée, étoiles filantes, envol des hérons…
- La pluie : envol des grues, des hirondelles et des corbeaux, chant des grenouilles…
- Le retour du soleil : éclat des étoiles, envol des aigles, brouillard bas, chant du hibou et du corbeau…

Indications lunaires et solaires *(vers 424-465)*
Selon Virgile, la couleur et les contours de la Lune permettent de prévoir pluie, vent ou beau temps. De même pour le Soleil, qui doit être observé au lever et au coucher.

Présages naturels de la guerre *(vers 466-497)*
Partant du principe qu'il est possible d'anticiper certains événements de manière fiable grâce aux présages fournis par le Soleil et la nature, Virgile affirme que des catastrophes naturelles (éruption de l'Etna, tremblements de terre, inondations…) survenues au moment de l'assassinat de Jules César annonçaient la guerre civile.

Bénédiction à César *(vers 498-514)*
Virgile demande solennellement à Octave de mettre fin aux guerres,

pour permettre aux paysans de cultiver de nouveau sereinement la terre.

Livre deuxième : les arbres et la vigne

Hommage à Bacchus *(vers 1-8)*
Virgile écrit en l'honneur de Bacchus, considéré comme le dieu des arbres fruitiers et notamment de la vigne et du vin.

Reproduction des arbres *(vers 9-37)*
Virgile évoque d'abord les méthodes de reproduction naturelles des arbres (par les graines, les racines, les branches cassés). Puis il évoque la reproduction assistée par l'homme : le bouturage (on coupe une tige d'un arbre pour la planter en terre : de cette tige repousse un nouvel arbre), le marcottage (sans la couper, on plante la tige d'un arbre dans le sol : lorsque de nouvelles racines poussent de la tige, on sépare cette tige du reste de l'arbre) et le greffage (fusion de deux plantes par l'insertion d'une partie de l'une dans l'autre : cette hybridation peut donner un espèce plus résistante ou productive).

Prière à Mécène *(vers 38-46)*
Le poète appelle les paysans à cultiver les arbres fruitiers. Puis il demande à Mécène de l'aider dans son œuvre poétique qui soutient la cause de la paysannerie.

Greffe et bouture *(vers 47-82)*
Virgile revient sur la greffe et la bouture pour en décrire les spécificités en fonction des espèces d'arbres. La greffe illustre le pouvoir de l'homme sur la nature, et en l'occurrence celui d'agir sur la nature des arbres. Grâce à ces méthodes de culture, les arbres produisent des fruits plus comestibles et en plus grande quantité.

Terre(s) et espèce(s) *(vers 83-135)*
Virgile fait d'abord l'éloge des différents vins de Méditerranée. Il veut montrer qu'une même espèce donne une infinité de sous-espèces en fonction des spécificités de la terre locale. Il précise aussi que certaines espèces ne peuvent pousser que sur certaines terres, et deviennent ainsi les spécialités de leur « patrie », telles que le citron en Médie (actuel Iran).

Éloge de l'Italie *(vers 136-176)*
Virgile prétend que l'Italie est la meilleure patrie et lui dédie son œuvre: pour ses blés, ses vignes et oliviers, ses troupeaux, son climat, sa faune et sa flore accueillantes, ses villes, ses mers et lacs, et enfin, ses peuples et héros de guerre (dont Octave qui a guerroyé jusqu'en Inde).

Sélection du terrain *(vers 177-258)*
Le poète énumère différents types de terrains. Chacun est propice à une culture en particulier : l'olivier (terre caillouteuse), la vigne (terre grasse et humide), les troupeaux (pâturages irrigués et boisés), les céréales (terre noire, grasse et friable), les aromatiques (gravier en pente). Puis il donne quelques conseils pour reconnaître ces différents sols (en fonction de leur texture, de leur couleur et même de leur goût).

La vigne *(vers 259-419)*
Virgile s'étend longuement et précisément sur les soins que le viticulteur doit prodiguer à la vigne. Ce travail, qui s'étend sur presque toute l'année, est décrit comme très pénible. Le viticulteur, vigilant et persévérant, ne peut que rarement « chanter la fin de ses peines ». Au-delà des tâches manuelles, il doit encore prier Bacchus et craindre Jupiter (qui risque d'apporter pluie et grêle) avant les vendanges.

Le poète profite de ce passage pour faire l'éloge du printemps : saison agréable qui permet de supporter le reste de l'année, période de la fécondité et des amours… Virgile suppose que le printemps devait occuper toute l'année à l'origine du monde, lorsque les hommes vivaient encore dans un âge d'or.

L'olivier *(vers 420-425)*
Selon le poète, à l'inverse de la vigne, l'olivier ne nécessite que très peu de culture et demande seulement d'être laissé en paix.

Les arbres *(vers 426-457)*
De même, les autres arbres ne nécessitent que peu d'entretien une fois qu'ils sont adultes. En plus des fruits, ils fournissent de l'ombrage, constituent des haies, donnent du bois pour toutes sortes de constructions, d'armes et d'outils. Ils servent enfin d'abri pour les abeilles.

Éloge de la vie campagnarde *(vers 458-542)*
Virgile fait l'éloge de la vie paysanne :

- Le paysan a la chance de subvenir à ses besoins grâce à la nature qui récompense abondamment ses efforts.

- Sa vie n'est pas corrompue par la superficialité ou le luxe, mais elle est authentique, riche de ressources, de paysages naturels, de loisirs simples et de fêtes également (en l'honneur de Bacchus).
- Le paysan vit loin des villes. Ainsi, il est extérieur aux troubles de la guerre, de la politique ou des inégalités sociales. Son âme est tranquille. Proche de l'essentiel et conscient des nécessités de la vie, il ne craint pas son destin ni la mort.
- Les jeunes paysans sont endurcis au travail et habitués à la sobriété. Ils sont vertueux, pieux, pudiques et respectueux de la famille.

Selon le poète, la vie paysanne est la continuité de l'âge d'or et de paix dans lequel vivait le peuple romain avant la fondation de Rome (= avènement de la civilisation).

Livre troisième : les troupeaux

Hommage à Octave *(vers 1-39)*
Virgile précise l'objectif personnel de son œuvre : faire sa place parmi les grands poètes latins et employer sa gloire à la renommée de César. En l'honneur de ce dernier, il imagine dresser un temple dont les décorations célèbreraient sa lignée et ses nombreuses victoires.

Hommage à Mécène *(vers 40-48)*
Le poète précise que ce poème est commandé par Mécène (le protecteur de Virgile).

La reproduction des vaches *(vers 49-71)*
La qualité d'un troupeau dépend de ses géniteurs. Le poète indique donc comment choisir la meilleure reproductrice (robuste, avec du tempérament). Il conseille de profiter de la jeunesse de celle-ci pour renouveler le troupeau.

La reproduction des chevaux *(vers 72-156)*
De même, Virgile décrit le meilleur étalon reproducteur (vaillant à la

guerre et rapide à la course). Il conseille d'en prendre particulièrement soin tant qu'il est jeune et avant l'accouplement. Quant à la mère, elle doit être choyée lors de sa grossesse qui doit être reposante.

Élever les veaux *(vers 157-178)*
À la naissance des veaux, le poète indique qu'il faut distinguer ceux qui serviront à la reproduction, aux sacrifices ou aux travaux des champs. Ces derniers doivent être entraînés jeunes et progressivement à la dureté de ces travaux. Tous doivent être nourris au lait maternel.

Dresser les poulains *(vers 179-208)*
Virgile indique que pour dresser un bon cheval de guerre, il faut l'habituer tôt aux bruits angoissants des armes et le dompter progressivement. Puis, une fois arrivé à maturité, il doit s'entraîner librement à la course.

La force du désir sexuel chez les animaux *(vers 209-285)*
Virgile conseille de séparer les mâles (taureaux ou chevaux) des femelles pour préserver leur vigueur. En effet, les taureaux épuisent leur force à combattre pour une femelle. Idem pour les juments qui cavalent comme des folles durant la saison des amours. Le poète précise que l'amour a le même effet chez tous les êtres vivants (y compris les hommes) : tous deviennent féroces et sont prêts à braver les pires dangers, à risquer leur vie pour satisfaire leur désir.

Brebis et chèvres *(vers 286-338)*
Virgile précise que le sujet est difficile à traiter poétiquement. Il ajoute que le travail courageux des bergers est couronné de gloire. Puis il préconise de bien entretenir les étables des brebis et chèvres en hiver afin de les protéger du froid et des maladies. En été, il décrit la journée idéale pour faire paître les troupeaux.

Troupeaux de Lybie et de Scythie *(vers 339-383)*
Virgile précise que les troupeaux de Lybie et de Scythie (royaume des steppes d'Asie Centrale, actuel Iran) ont des modes de vie opposés. Les premiers paissent dans de « vastes déserts », tandis que les seconds sont enfermés dans les étables car les terres sont recouvertes de neige.

La laine *(vers 384-393)*
Virgile donne de menus conseils pour préserver la qualité et la blancheur de la laine des moutons.

Le lait *(vers 394-403)*
L'auteur donne quelques conseils pour avoir du lait en abondance. Il précise comment conserver le lait (la méthode diffère selon l'heure de la traite).

Les chiens *(vers 404-413)*
Selon le poète, les chiens doivent être nourris au « petit lait » (plus gras) afin d'être en forme. Ils protègent alors d'autant mieux les troupeaux des loups et des voleurs, et courent plus vite pendant la chasse.

Les serpents *(vers 414-439)*
Le poète donne des conseils pour chasser les serpents qui peuvent se cacher dans les étables, et invite les bergers à faire attention à ceux qui traînent dans les champs.

Attention aux maladies *(vers 440-473)*
Virgile invite les bergers à faire attention aux différentes maladies et infections qui peuvent toucher leurs troupeaux. Il précise qu'il ne suffit pas de prier, mais qu'il faut laver les bêtes dans les cours d'eau, ouvrir les ulcères, pratiquer des saignées, voire abattre une bête visiblement malade pour ne pas contaminer tout le troupeau.

Les épidémies *(vers 474-566)*
En effet, Virgile décrit les ravages d'une sorte de peste qui aurait, des années plus tôt, décimé la faune d'une partie des Alpes (vers le nord-est de l'Italie). Ce « feu maudit » se serait propagé dans l'air et ne pouvait pas être soigné. Les animaux (bêtes domestiques et sauvages, oiseaux, reptiles, poissons et mammifères) seraient massivement morts. Sans bêtes pour les aider, les paysans furent obligés de s'occuper seuls des durs travaux agraires pendant des années.

Livre quatrième : les abeilles

Dédicace à Mécène *(vers 1-7)*
S'adressant à Mécène, Virgile précise que si le sujet des abeilles peut sembler banal, il peut en faire un sujet « admirable » permettant de philosopher sur la société des hommes.

Aménager la ruche *(vers 8-50)*
Virgile détaille l'emplacement idéal d'une ruche (ombragé, proche de l'eau, abrité du vent, des oiseaux, éloigné des troupeaux) et sa

construction (ouvertures étroites pour éviter les échanges thermiques avec les températures froides ou chaudes de l'extérieur).

Comportement des essaims *(vers 51-66)*
Le poète indique qu'au printemps, les abeilles butinent et s'occupent de leur ruche. Plus tard, elles peuvent quitter leur ruche pour en fabriquer une autre : l'apiculteur doit alors les attirer à l'endroit voulu grâce à l'odeur de la mélisse (plante à l'odeur citronnée) et en faisant tinter des cymbales en bronze (car un culte en l'honneur de la déesse Cybèle, mère des dieux ou Terre-Mère, était célébré au son des cymbales).

La guerre des trônes *(vers 67-115)*
Virgile décrit un combat tel qu'il peut avoir lieu entre deux « rois » et leurs essaims respectifs. Sous la plume du poète, ce combat ressemble à une bataille entre deux royaumes humains : les rois sont courageux et se battent jusqu'au bout. Virgile précise que généralement, les deux races qui s'affrontent se distinguent par leur apparence : l'une est plus brillante, l'autre est plus laide. L'apiculteur doit évidemment favoriser les plus « belles »...

Si besoin, l'apiculteur doit aussi arracher les ailes du roi de son essaim pour inciter les abeilles à rester près de la ruche, ou planter lui-même les herbes dont elles se nourrissent à proximité de celle-ci.

Parenthèse sur un vieux jardinier *(vers 116-148)*
Virgile fait savoir qu'il envisage d'écrire un livre sur l'art du jardinage. Il évoque alors un vieillard qu'il a rencontré dans la ville de Tarente (au sud de l'Italie). Ce vieillard s'était installé sur un terrain dont personne n'avait voulu car très dur à cultiver. Pourtant, le vieillard en avait fait un jardin florissant et se sentait comme un « roi » car il profitait toute l'année des fruits de sa terre.

La civilisation des abeilles *(vers 149-227)*
Dans ce passage, le poète semble de nouveau comparer les abeilles à la société humaine. Il leur confère une « divine intelligence » : elles ont une « patrie », vivent selon des « lois » et se répartissent le travail (butiner, fabriquer la ruche, élever la progéniture, protéger la « ville »...). Selon Virgile, elles ont même des « mœurs », notamment parce qu'elles ne se laissent pas aller au sexe (les Romains pensaient que les abeilles ne procréaient pas mais « récoltaient » leurs œufs sur des feuilles d'olivier). De cette manière, elles remplacent elles-mêmes leurs rois au fil des générations et font ainsi durer leur race éternellement.

De plus, elles vénèrent leur roi plus que les humains eux-mêmes : elles donnent leur vie pour lui et pour le bien de la communauté. Sans roi, elles sombrent dans l'anarchie.

Récolter le miel *(vers 228-250)*
Virgile explique brièvement quand (printemps/automne) et comment récolter le miel. Il précise qu'après la récolte, les abeilles travailleront davantage pour combler les pertes.

Maladies *(vers 251-314)*
Le poète donne quelques conseils pratiques pour purifier la ruche et nourrir les abeilles lorsqu'elles semblent malades et meurent anormalement.

Légende d'Aristée *(vers 315-557)*
En cas de perte totale d'un essaim, Virgile raconte qu'il faut sacrifier un bœuf selon un rituel précis : des entrailles de l'animal surgiront alors de nouvelles abeilles. Cette croyance était issue du mythe d'Aristée, un berger fils d'Apollon :

Un jour, Aristée causa sans le vouloir la mort de la nymphe Eurydice dont il était amoureux (mais qui était promise à Orphée) : il poursuivit la nymphe qui, dans sa fuite, fut mordue par une hydre. Les autres nymphes vengèrent la mort de leur amie Eurydice en tuant les abeilles d'Aristée. Ce dernier en fut profondément attristé. La mère d'Aristée, afin de soulager la peine de son fils, lui conseilla alors de se faire pardonner auprès des nymphes en accomplissant le rituel décrit plus haut : ainsi, il retrouva ses abeilles qui naquirent des entrailles de bœufs sacrifiés.

Conclusion *(vers 558-566)*
Le poète signe enfin l'œuvre de son nom. Il précise qu'il a écrit Les Géorgiques confortablement installé à Naples, au nom des bergers et des paysans. Il ajoute qu'il mène une vie différente de celle de César qui, conquérant, se fraye un chemin vers l'Olympe.

Résumé de l'œuvre

Par-dessus bord

Michel Vinaver

Voir la vidéo du résumé

Tu peux commencer par visionner la vidéo pour clarifier les points importants.

https://www.prepa-up.com/par-dessus-bord/

Présentation générale de l'œuvre

Par-dessus bord est une **pièce de théâtre** publiée en 1972 et écrite par Michel Vinaver, écrivain et dramaturge (auteur de pièces de théâtre) français.

Lorsqu'il compose cette œuvre, l'auteur est alors PDG de Gillette France (oui c'est ça, l'entreprise qui fabrique des rasoirs). Inspiré par sa carrière professionnelle, il souhaite aborder les sujets de **l'entreprise,** du **capitalisme** et du **marketing.** Pour cela, il met en scène une entreprise française fictive appelée Ravoire et Dehaze qui fabrique du papier toilette…

Au départ, l'œuvre est très (très) longue, ce qui l'empêche d'être adaptée au théâtre (7 ou 8 heures de représentation). Elle a été raccourcie 3 fois pour aboutir à la version « hyper-brève » qui a été publiée en 2003, soit 30 ans après la version originale. Par chance, c'est cette version qui est au programme de cette année…

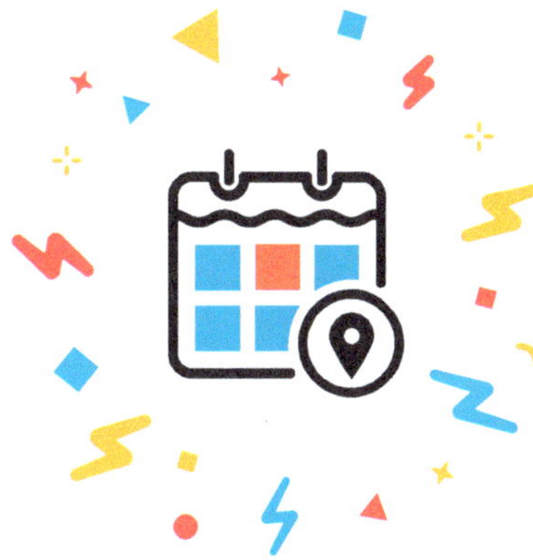

Contexte historique

L'œuvre de Michel Vinaver colle parfaitement à l'**actualité** de l'époque. La période où il écrit Par-dessus bord (de 1969 à 1972) correspond à la **fin des Trente Glorieuses** (1945-1973) : à partir de la fin de la Seconde Guerre mondiale et jusqu'au premier choc pétrolier de 1973, les pays développés connaissent une **forte croissance économique,** démographique et technique. Ces années sont ainsi qualifiées de « glorieuses ». La fin de cette période est marquée par des évolutions très importantes du régime économique occidental :

- C'est l'avènement de la **société de consommation**.

  ↳ En prenant l'exemple d'une entreprise qui vend du papier toilette, l'auteur s'amuse à montrer qu'un **produit banal** (même franchement vulgaire) prend des dimensions insoupçonnées dans une société où les personnes sont incitées à **consommer en masse.**

- On entre dans une nouvelle ère de la **mondialisation** : les **échanges de marchandises** entre les pays du monde entier se développent beaucoup.

  ↳ Le livre montre qu'avec la mondialisation économique, une **entreprise française** entre en **concurrence** avec une **entreprise américaine**.

- Le **capitalisme** s'impose pleinement. Le capitalisme est un régime économique complexe qui s'est développé au fil des siècles. Pour le définir, on peut en souligner quelques grands principes :

- La **propriété privée**, notamment la possession des moyens de production.

- La **recherche perpétuelle de profits.**

- La **croissance** : dans ce régime, une entreprise doit sans cesse accroître son capital, c'est-à-dire la totalité de ses richesses et de sa production, pour atteindre une taille acceptable. Sinon, elle risque d'être écrasée par la concurrence.

  En effet, à partir de 1945, les Américains imposent mondialement la **logique d'accumulation capitaliste** grâce à la puissance de leur économie et de leurs **entreprises** : celles-ci sont **de plus en plus grandes**, cherchent à vendre de plus en plus de produits (si possible dans le monde entier) afin d'accumuler le plus de richesses possible.

  ↳ Dans le livre, une **moyenne entreprise** française doit **augmenter son capital pour survivre** face à une grosse entreprise américaine.

- De **nouvelles techniques de vente** émergent. De 1969 à 1973, le marketing commence à se populariser en France. Cette discipline vise à augmenter le potentiel de vente d'un produit. L'idée est d'analyser les comportements et les besoins des consommateurs vis-à-vis du produit. Cela permet ensuite d'en optimiser la vente, notamment par la publicité. Le marketing peut aller jusqu'à **influencer le comportement du consommateur** en suscitant chez lui le désir d'acheter.

  ↳ Dans le livre, l'entreprise fait appel à des experts en marketing pour **augmenter les ventes** de papier toilette et rendre ce **produit plus désirable**.

Aujourd'hui, cette critique de la société de consommation est assez répandue dans le milieu culturel (quand on parle marketing, tu penses peut-être au film 99 *francs* par exemple) ; la pièce ne semble pas très originale. Mais il y a 50 ans, Vinaver faisait figure de prophète au sujet de la mondialisation !

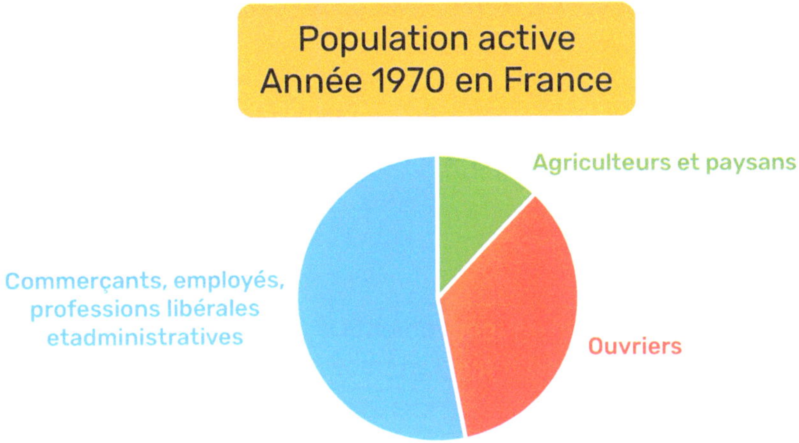

Structure de l'œuvre

La pièce est divisée en 6 **« mouvements »** : cette structure correspond à la division en **« actes »** que l'on trouve dans les pièces de théâtre classique.

Chaque mouvement est lui-même **divisé en plusieurs** « scènes », ou plutôt **« tableaux »** : mais à la différence d'une scène classique, les tableaux **ne s'ordonnent pas** forcément **de manière chronologique** ni en fonction de l'apparition des personnages. Plusieurs tableaux **peuvent se superposer** alors que l'action de chacun d'eux se déroule dans des lieux différents, à des moments différents. Des personnages de deux tableaux distincts jouent parfois en même temps, et leurs dialogues se croisent. C'est une particularité de cette pièce de **théâtre contemporain.**

Cette pièce est aussi caractérisée par un certain mélange des genres : parfois comique, d'autre fois tragique, on y rencontre aussi des dieux scandinaves ainsi que des références à la Shoah…

Autre particularité de la pièce, la **mise en abyme** du récit : la pièce est racontée par le personnage de **Passemar.** C'est un **narrateur** qui s'adresse directement au public/au lecteur comme s'il était **externe** à l'histoire. Mais il a aussi son propre **rôle dans l'histoire** : celui d'un employé de l'entreprise (chef du service administration des ventes) Ravoire et Dehaze. Au cours de certaines scènes, Passemar passe donc du rôle d'acteur à celui de narrateur.

Un dernier aspect de l'œuvre va sûrement te surprendre : le texte est écrit **sans ponctuation**. Dans chaque réplique, les phrases s'enchaînent sans virgule ni point. On a l'impression de devoir retenir son souffle pour lire. C'est étrange mais volontaire, évidemment : l'auteur a voulu laisser aux comédiens la liberté de choisir un rythme, de placer les silences où ils veulent. C'est aussi une manière pour l'auteur de montrer que la vie moderne ne s'embarrasse pas des vieilles conventions d'écriture… et qu'on peut envoyer les règles de syntaxe traditionnelles « par-dessus bord » !

Résumé express

L'entrée en guerre : un conflit de valeurs

L'intrigue principale de la pièce raconte une guerre qui oppose deux **entreprises concurrentes.** La première est la **société française** *Ravoire et Dehaze,* modeste entreprise familiale ancrée dans un **modèle traditionnel.** La seconde est la **compagnie américaine** *United Paper,* entreprise **avant-gardiste** qui possède un empire. Plus qu'une simple guerre économique, il s'agit d'une véritable **lutte entre deux systèmes de valeurs.** Deux systèmes qui s'opposent sur tous les plans :

Plan...	Modèle français		Modèle américain
...humain	Intégrité, fidélité, loyauté, expérience	**VS**	Opportunisme, manipulation, ambition, loi du plus fort
...temporel	Stabilité, tradition, transmission	**VS**	Croissance, innovation, renouvellement
...matériel	La marchandise doit être utile, répondre à un besoin	**VS**	La marchandise doit devenir un objet créatif, susciter le désir
...structurel	Entreprise familiale	**VS**	Entreprise multinationale

Grâce à la puissance et à la souplesse de son modèle, le poids lourd américain vend de plus en plus de papier toilette sur le marché français. La défaite française semble inévitable…

Une bataille économique et idéologique : des victimes humaines

La plupart des personnages de la pièce sont des dirigeants ou employés de l'entreprise *Ravoire et Dehaze*. Ils mènent tous une carrière assez paisible jusqu'à ce que le géant américain entre sur le marché français du papier toilette.

À cause des **difficultés économiques,** la tension monte et des **divisions** se creusent parmi le personnel. Un conflit de valeurs oppose aussi les individus. Autour des deux fils du PDG (qui sont tous les deux directeurs de l'entreprise), deux camps opposés se forment parmi les employés (traditionnel VS novateur) :

- Le premier camp est celui d'Olivier, le fils légitime du PDG. Derrière lui, il y a ceux qui sont de la **« vieille école »**, attachés aux **valeurs morales**, à la fidélité, à l'intégrité, à la famille.
- L'autre camp est dirigé par Benoît, le fils illégitime du PDG. Derrière lui, il y a ceux qui sont **dans l'air du temps, sans scrupule,** prêts à manipuler voire à trahir pour réussir.

Plus agressif, Benoît parvient à prendre la direction de l'entreprise. Il veut la transformer à la mode américaine. Au cours de cette **transformation violente et forcée,** certains vont chercher à s'adapter mais sont trop « rigides » ou trop « vieux » pour suivre le mouvement. Quelques-uns réussissent à s'accrocher quand d'autres sont tout simplement passés « par-dessus bord »…

Quoi qu'il en soit, l'entreprise française change de modèle et sort un nouveau produit qui fait fureur grâce au **marketing** et à la **publicité.** Elle reprend l'avantage sur la compagnie américaine.

Un accord gagnant-gagnant : le triomphe du capitalisme

Finalement, cette histoire guerrière nous raconte comment le **régime capitaliste a poussé les entreprises à devenir de plus en plus dynamiques et agressives**. Et comment cela rejaillit sur les relations humaines en général.

En restant **ancré dans le modèle ancien**, l'entreprise française risque de se faire **écraser par la concurrence.** Pour survivre, elle est « obligée » de se délester des moins productifs et de **grossir plus vite que son concurrent**. Pour cela, elle adopte de nouvelles méthodes de gestion et de vente :

- Une direction optimisée de la production et du personnel.
- Le recours aux nouvelles techniques de vente : **marketing, publicité, merchandising.**
- Le recours au **financement** par les banques.

Si les méthodes sont discutables, le résultat est là : l'entreprise française devient un sérieux concurrent face aux Américains.

Plutôt que de poursuivre le combat, la compagnie américaine préfère finalement **acheter l'entreprise française** et aider cette dernière à se développer. On appelle cela une **acquisition** : une entreprise en achète une autre pour en **récupérer le capital**. C'est une stratégie économique efficace pour accumuler rapidement des richesses : plutôt que de perdre du temps et de l'argent à essayer de détruire son concurrent, on l'absorbe. Cette acquisition permet à la compagnie américaine de **s'agrandir** : en fin de compte, le géant américain possède deux marques de papier toilette différentes (United Paper + Ravoire et Dehaze), ce qui lui permet de couvrir une plus **grande part du marché** et ainsi de **vendre plus** de papier, donc d'**augmenter ses profits.** De plus, **la concurrence** entre ces deux marques les obligera à **croître sans cesse**, donc à générer plus de richesses (car même si elles travaillent pour le même groupe, elles restent plus ou moins en compétition). Et toutes ces richesses finissent dans la même poche !

À la fin, il n'y a officiellement pas de perdant : les deux adversaires font la paix et coexistent. Officieusement, c'est **le modèle américain** qui **l'emporte** grâce à son agressivité et à son efficacité.

Résumé par chapitre

Petit aparté : alors que les différents tableaux s'entremêlent dans la pièce originale (les unités de lieu, de temps et d'action sont bouleversées), ce résumé propose de tout démêler. Cette réorganisation chronologique et spatiale des événements (tableau par tableau, lieu par lieu) te permettra de mieux comprendre le déroulement de l'histoire.

Premier mouvement : cartes sur table

En bref : l'entreprise Ravoire et Dehaze avait jusqu'alors ***le monopole*** *de la vente de papier toilette en France. Elle est désormais* ***mise en difficulté par un concurrent*** *américain. Pour* ***contre-attaquer,*** *Fernand Dehaze (PDG) et son fils Olivier (directeur général adjoint) décident de sortir un* ***nouveau produit*** *: le papier toilette à l'emballage bleu-blanc-rouge.*

(Tableau 1) Comptoir de Lépine-Frères

Madame Lépine (grossiste[1] en droguerie) et Lubin (représentant[2] de l'entreprise Ravoire et Dehaze)

1 *Un grossiste achète des marchandises en grosse quantité pour réduire les coûts, avant de les revendre en plus petits lots dans des magasins*

2 *Un représentant se rend chez des clients pour vendre les produits de son entreprise*

Lubin apporte de la marchandise à Madame Lépine. Celle-ci lui fait comprendre qu'elle n'arrive plus à écouler les produits *Ravoire et Dehaze*. Lubin cherche tout de même à la convaincre d'en acheter d'autres. Selon lui, ils se vendront mieux grâce à une nouvelle offre promotionnelle.

(Tableau 2) Théâtre

Passemar

Passemar explique qu'il est l'auteur de la pièce et qu'il fait partie de l'entreprise Ravoire et Dehaze. Il précise qu'il est sous la direction de Madame Alvarez, directrice administrative. Comme celle-ci part bientôt en retraite, il espère prochainement prendre sa place.

(Tableau 3) Bureau de Passemar

Passemar, Madame Alvarez (directrice administratif), Dutôt (chef des ventes) et Grangier (chef planning fabrication)

Les personnages se disputent car le papier toilette « Super-Douceur » est en rupture de stock. *Dutôt sort.* Dutôt est critiqué en raison de son arrogance. Passemar explique que Dutôt est le protégé de Benoît (fils du PDG) mais ne plaît pas à Olivier (l'autre fils du PDG).

(Tableau 4) Atelier-salon de Fernand Dehaze

Dehaze (PDG) et Ausange (banquier)

Dehaze explique que sa moyenne entreprise croît tranquillement depuis des années mais qu'elle est désormais mise en danger par une grosse boîte américaine. Afin de réagir face à la concurrence, il demande un prêt à Ausange pour financer le lancement d'un nouveau produit : un papier toilette à l'emballage bleu-blanc-rouge.

(Tableau 5) Salle des fêtes

Dehaze, Olivier, Lubin, Passemar et d'autres employés

C'est la fête annuelle de l'entreprise. Lors de cette fête, Lubin est en forme. Il gagne le premier prix de la tombola (une radio) et annonce que sa fille Jiji va se marier. Dehaze fait un discours : il présente son entreprise comme une véritable communauté. T*out le monde sort, sauf Passemar.* Passemar se demande si c'est bien ou mal qu'une grosse société américaine absorbe sa moyenne entreprise. Cela lui rappelle une histoire de la mythologie scandinave racontée par son ancien professeur, Monsieur Onde.

(Tableau 6) Salle de cours du Collège de France

Monsieur Onde et Passemar.

Monsieur Onde raconte qu'il y avait deux peuples de dieux scandinaves, les Ases et les Vanes. Ils se sont fait la guerre mais aucun camp n'a pris l'avantage. Ils ont donc fini par faire la paix. Passemar compare cette guerre à celle qui oppose *Ravoire et Dehaze* à l'entreprise américaine United Paper.

Deuxième mouvement : bleu-blanc-rouge

En bref : le nouveau produit français se vend très mal face à celui de son concurrent. Cela amplifie les ***tensions*** *entre certaines personnes de l'entreprise. Alors que* ***l'ambiance se dégrade*** *et que l'entreprise court à sa perte, Benoît (fils du PDG)* ***manipule*** *son père Fernand et son frère Olivier pour les monter l'un contre l'autre. Poussé à bout, Fernand Dehaze fait un infarctus et sombre dans le coma.*

(Tableau 1) Comptoir de Lépine-Frères

Madame Lépine et Lubin

Le nouveau papier à l'emballage bleu-blanc-rouge est sorti. Lubin affirme qu'il se vend très bien. Madame Lépine est sceptique. Elle accepte d'en acheter mais lui demande de reprendre d'anciens stocks invendus. Elle précise que les nouveaux rouleaux américains « Softies » se vendent bien mieux que le papier français.

(Tableau 2) Dans un lit

Benoît et sa femme Margerie

Margerie reproche à Benoît de coucher avec d'autres femmes et de ressembler aux Américains. Elle lui dit qu'elle aurait préféré épouser son père, Fernand Dehaze, plus classe. Benoît, quant à lui, pense que son père est mauvais en affaires.

(Tableau 3) Atelier-salon de Dehaze

Dehaze et Margerie

Margerie admire la collection d'antiquités de son beau-père. Dehaze lui raconte l'histoire de l'une de ces antiquités : une tabatière (petite boîte pour stocker le tabac à priser) commandée par Louis XV pour sa maîtresse.

(Tableau 4) Bureau de Dutôt

Les frères Benoît et Olivier, avec Dutôt

On apprend que les grossistes n'arrivent pas à écouler le papier « bleu-blanc-rouge ». Aussi, Olivier reproche à Dutôt ne pas bien diriger ses vendeurs. Quant à Dutôt et Benoît, ils mettent en cause la banalité du produit.

(Tableau 5) Bureau du PDG

Dehaze et Cohen (comptable)

Cohen informe Dehaze que la trésorerie de l'entreprise n'a jamais été aussi mauvaise. Dehaze accuse Dutôt d'être responsable des mauvaises ventes. Cohen ajoute que Benoît et Dutôt forment un clan déloyal.

(Tableau 6) Bureau d'Olivier

Olivier et Benoît

Benoît prétend que leur père gère mal les problèmes de l'entreprise. Il suggère sournoisement à Olivier de prendre la place de PDG.

(Tableau 7) Bureau de Passemar

Passemar et Madame Alvarez

Passemar annonce à Madame Alvarez que les grossistes renvoient de nombreux invendus « bleu-blanc-rouge » à l'entreprise. Madame Alvarez explique que les Américains ont beaucoup mieux vendu « Softies » grâce à des promotions.

(Tableau 8) Bureau du PDG

Dehaze et Dutôt

Dehaze demande à Dutôt de s'opposer au retour des marchandises invendues. Dutôt refuse d'obéir car il risquerait alors de se fâcher avec les grossistes, clients de l'entreprise. Contrarié, Dehaze licencie Dutôt.

(Tableau 9) Bureau d'Olivier

Olivier et Grangier

Grangier annonce sa démission. Il précise que l'atmosphère se dégrade au sein de l'entreprise. Olivier veut qu'il reste et lui demande d'y réfléchir.

(Tableau 10) Bureau du PDG

Dehaze et Benoît

Benoît manipule son père pour lui faire croire qu'Olivier veut prendre la place de PDG.

(Tableau 11) Bureau du PDG

Dehaze et Olivier

À cause d'un malentendu, Dehaze pense que son fils Olivier a les dents longues et veut vraiment prendre sa place de PDG. La manœuvre de Benoît a fonctionné : Dehaze se méfie désormais d'Olivier.

(Tableau 12) Bureau de Benoît

Benoît et Dutôt

On devine que Benoît veut profiter de la tension entre son frère et son père pour comploter avec Dutôt. Mais ce dernier lui apprend qu'il vient d'être licencié.

(Tableau 13) Atelier-salon de Dehaze

Dehaze et Toppfer, son antiquaire

Dehaze demande des précisions à Toppfer sur l'histoire de la tabatière Louis XV. Alors que Toppfer parle, Dehaze a un malaise.

(Tableau 14) Dans un lit

Benoît et Margerie

Margerie explique qu'elle a connu des étudiants américains sympathiques mais qui sont devenus cupides et « cons » une fois entrés dans le monde du business. Elle les compare à Benoît. Puis, Benoît reçoit un appel l'informant que son père est à l'hôpital.

(Tableau 15) Hôpital

Dr Temple et Olivier

Le docteur Temple dit à Olivier que son père est en réanimation.

(Tableau 16) Bureaux

Madame Bachevski, Madame Alvarez, Cohen, Passemar et Benoît

On apprend que 9 jours après son infarctus, Dehaze est toujours inconscient.

Troisième mouvement : la prise du pouvoir

*En bref : les **difficultés économiques** se poursuivent et les **tensions** sont de plus en plus vives. D'autant plus que les deux frères Olivier et Benoît **s'opposent dans leur vision de l'entreprise.** Alors qu'Olivier est le successeur naturel de son père, Benoît parvient tout de même à prendre la place de PDG grâce au soutien de la banque. Il signe l'arrêt de mort de leur père en arrêtant de payer pour les soins intensifs de l'hôpital.*

(Tableau 1) Boîte de jazz

Alex (gérant et musicien de jazz) et Jiji (fille de Lubin).

Jiji entre dans la boîte de jazz d'Alex. Elle lui annonce qu'elle va se marier avec lui (alors qu'ils ne se connaissent pas !). Ils font donc connaissance : Alex lui apprend que sa famille est juive et qu'il a passé son enfance dans les camps de concentration. *Un autre jour.* Margerie rend de nouveau visite à Alex dans sa boîte de jazz. Elle lui explique qu'elle a participé à une performance artistique la veille au soir lors de laquelle elle s'est fait tondre les cheveux. Ses cheveux rasés rappellent à Alex des souvenirs de la guerre.

(Tableau 2) Bureau d'Ausange

Ausange et Olivier

Olivier suppose que son père a eu un infarctus à cause de Benoît (car ce dernier les a montés l'un contre l'autre). Olivier demande un crédit au banquier afin de donner un nouveau souffle à l'entreprise et d'honorer son père.

(Tableau 3) Bureau de Cohen

Cohen et Madame Bachevski

Madame Bachevski informe Cohen que la situation empire : l'entreprise n'a pas pu payer ses fournisseurs qui menacent donc d'arrêter leur production.

(Tableau 4) Bureau de Monsieur Onde

Monsieur Onde et Passemar

Monsieur Onde explique que la mythologie sert à aider la société, à lui donner fierté et confiance. *Plus tard, en salle de cours.* Monsieur Onde raconte le mythe de Baldr (le meilleur des dieux scandinaves) : il fut tué par son frère Hödhr (dieu aveugle mais fort), poussé par la méchanceté de Loki. Selon lui, ce drame reflète la médiocrité de l'âge actuel. Cependant, ce mythe envisage également un âge du renouveau, plus apaisé.

(Tableau 5) Salle du conseil

Olivier et sa tante Yvonne (membre du conseil d'administration de l'entreprise)

Compte tenu de l'état de son père, Olivier informe sa tante que le conseil doit élire un nouveau PDG. Les deux s'attendent à ce qu'Olivier soit élu.

(Tableau 6) Hôpital

Dr Temple et Benoît

Benoît envisage d'arrêter de maintenir son père (toujours dans le coma) en vie. *Olivier entre.* Olivier s'inquiète pour son père, tandis que Benoît ne voit pas l'intérêt de le maintenir dans cet état.

(Tableau 7) Bureau d'Ausange

Ausange et Benoît

Benoît raconte au banquier qu'il est le fils illégitime de Dehaze (c'est un « bâtard », né d'un adultère), contrairement à Olivier. Puis, Benoît explique qu'Olivier risque de couler l'entreprise en restant fidèle aux vieilles méthodes. Pour redresser l'entreprise, Benoît estime qu'il faut adopter l'attitude et les valeurs américaines. Pour y parvenir, il demande un prêt à Ausange.

(Tableau 8) Bureau de Mme Bachevski

Madame Bachevski, Madame Alvarez et Cohen

Les deux directrices se disputent. En effet, Benoît a confié une mission à Madame Bachevski alors que cette mission relève des compétences de Madame Alvarez. Madame Bachevski défend Benoît, l'homme d'action. Cohen et Madame Alvarez considèrent qu'Olivier est le seul patron légitime, et que Benoît ne fait qu'attiser les divisions.

(Tableau 9) Bureau d'Olivier

Olivier et Cohen

Cohen, fatigué, vient présenter sa démission. Olivier la refuse, considérant Cohen comme l'un des piliers de l'entreprise.

(Tableau 10) Au téléphone

Ausange et Olivier

Ausange accepte de faire un prêt à l'entreprise à condition qu'Olivier laisse la place de PDG à Benoît. En effet, la banque fait davantage confiance à l'agressivité de Benoît en affaires plutôt qu'à la douceur d'Olivier.

(Tableau 11) Couloirs

Madame Alvarez et Cohen

Ils remarquent que Dutôt a été réembauché par Benoît dans l'entreprise. Eux sont plutôt du côté d'Olivier, alors ils supposent que leur fin est proche...

(Tableau 12) Hôpital

Dr Temple, Olivier et Benoît

Olivier apprend que Benoît a accepté de « débrancher » leur père car celui-ci coûterait trop cher en soins. Olivier traite son frère d'assassin.

(Tableau 13) Boîte de jazz

Benoît, Margerie et Alex

Benoît et Margerie se rendent dans la boîte de jazz d'Alex. Margerie fait savoir qu'elle n'aime pas la musique américaine. Elle déplore le fait que les Français imitent les Américains dans tous les domaines. Benoît est, quant à lui, séduit par la modernité du lieu.

Quatrième mouvement : Mousse et Bruyère

En bref : bien que la situation économique et les relations empirent, Benoît envisage de ***faire rebondir l'entreprise*** *grâce à de nouvelles* ***méthodes plus modernes*** *et une nouvelle organisation. Il annonce la couleur : ceux qui ne suivront pas le mouvement seront mis à la porte (ou plus exactement jetés par-dessus bord...).*

Benoît s'entoure alors de nouvelles recrues : de jeunes managers dynamiques qui composent une équipe ***marketing*** *pour créer un nouveau produit, « Mousse et Bruyère ».*

(Tableau 1) Le comptoir de Lépine Frères

Lubin et Madame Lépine

Lubin présente une nouvelle offre à Madame Lépine : Ravoire et Dehaze lance un concours avec, à la clé, un voyage aux Baléares. Madame Lépine refuse parce qu'elle a déjà accepté l'offre de United Paper (l'entreprise américaine) qui vient aussi de lancer un concours permettant de gagner une voiture. Puis Lubin change de sujet. Son moral baisse : côté travail, les affaires sont compliquées. Côté foyer, il est désespéré car sa fille veut se marier avec un juif (Alex).

(Tableau 2) Bureau du président

Benoît avec Jenny et Jack (conseillers en marketing)

Jenny et Jack se réjouissent de l'essor de « l'économie du superflu » dans laquelle le papier toilette peut rapporter gros. Ils pensent qu'il faut bousculer les idées reçues à propos du PQ, qui évoque un sujet gênant...

(Tableau 3) Théâtre

Passemar et trois danseurs

Les danseurs posent des questions au public au sujet de leurs habitudes aux toilettes (ils font une enquête marketing). Passemar dit que même le théâtre doit s'adapter à la société de consommation. Bien qu'il ne s'oppose pas à cette transformation de l'économie, il craint que les travailleurs de l'ancienne génération ne puissent pas suivre le mouvement.

(Tableau 4) Bureau de Madame Alvarez

Madame Alvarez, Passemar, Olivier, Cohen, Benoît, Saillant (controlleur)

Olivier découvre le coût exorbitant du service marketing proposé par Jack et Jenny. Benoît lui assure que cet investissement sera rentable. Puis, il présente un nouveau dirigeant à l'équipe : Saillant, qui est placé à la tête de Madame Alvarez et Cohen. Ces derniers pensent que tout part de travers...

(Tableau 5) Salle de réunion

Benoît et les cadres de l'entreprise

Benoît informe l'équipe que l'entreprise va prendre un tournant pour reconquérir le marché. Il prévient que ceux qui ne tiendront pas la cadence seront laissés sur le carreau. Il présente enfin le nouvel organigramme et les nouvelles recrues : Battistini, Peyre et Dutôt pour diriger le marketing, Saillant pour la gestion financière et administrative. Olivier est relégué à la gestion du personnel.

(Tableau 6) Salle de réunion

Jack et Jenny avec plusieurs cadres

Jack et Jenny cherchent à décoincer l'équipe en parlant ouvertement scatologie. Ils finissent par leur faire admettre que la défécation est un « plaisir interdit ». Selon eux, il faut s'appuyer sur cette idée pour vendre leur papier toilette.

(Tableau 7) Bureau du président

Benoît et Passemar

Passemar s'interroge sur son avenir dans l'entreprise. Il reconnaît être un cadre moyen qui manque d'ambition. Benoît le met à l'essai dans l'équipe marketing.

(Tableau 8) Magasin de Toppfer

Toppfer et Margerie

Margerie voudrait acquérir certaines antiquités de Toppfer, bien que son mari Benoît ne trouve aucun intérêt à ces vieilleries.

(Tableau 9) Bureau de Benoît

Benoît, Jack, Jenny et la nouvelle équipe marketing

Jack et Jenny lancent une séance de brainstorming pour trouver le nom de leur futur produit (chacun doit dire toutes les idées qui lui passent par la tête). Jack et Jenny affirment que les hommes éprouvent désormais du désir pour les objets de consommation, qui ont remplacé les croyances et les mythes.

(Tableau 10) Bureau de Cohen

Cohen et Lubin

Lubin est inquiet pour sa fille qui veut se marier avec Alex car ce dernier est juif. Il demande donc à Cohen, parce qu'il est juif aussi, de se renseigner sur Alex.

(Tableau 11) Une banquette de café

Cohen et Alex

Cohen pose des questions à Alex sur sa vie et lui demande ce qu'il compte faire à propos de Jiji. Alex répond qu'il laissera les choses se faire d'elles-mêmes.

(Tableau 12) Salle de réunion

Benoît, l'équipe marketing et Reszanyi (psychosociologue)

Reszanyi est invité par l'entreprise à présenter ses théories sur la matière fécale (en vue de donner des idées marketing) : elle permettrait notamment à l'enfant de se faire une idée de la notion de propriété... Selon ce psychosociologue, dans la vie d'adulte, l'argent remplace le « caca » comme monnaie d'échange.

(Tableau 13) Appartement de Margerie

Margerie et Olivier

Margerie a invité Olivier pour son anniversaire, sûre que son mari Benoît allait oublier l'événement. Au fil de la discussion, Olivier accuse Margerie d'avoir comploté avec Benoît pour le mettre à l'écart du poste de PDG. Il suppose notamment que Benoît a menti à leur père pour le discréditer. Margerie confirme le mauvais coup de Benoît mais se défend d'y avoir participé, en justifiant cela par le fait qu'elle adorait Fernand Dehaze. Puis, charmée par le caractère loyal mais fougueux d'Olivier, Margerie lui propose de coucher avec elle.

(Tableau 14) Chez Lépine Frères

Madame Lépine et Lubin

Lubin présente l'offre de Noël : pour une plus grosse commande, une lampe offerte. Madame Lépine y est indifférente, toujours sceptique quant à l'avenir de Ravoire et Dehaze. Lubin la rassure, précisant qu'une équipe de « jeunes loups » vient d'en prendre le contrôle...

(Tableau 15) Salle de Réunion

L'équipe marketing

Suite au brainstorming, Battistini présente le nom du futur produit : « Mousse et Bruyère ». Il précise que ce nom est censé inspirer un agréable sentiment de nature et d'évasion. Au cours de la réunion, Jack décrit le consommateur comme un double orifice d'où entre et sorte les choses. Selon lui, l'objectif est de présenter la défécation (côté sortie) comme plus agréable grâce à « Mousse et Bruyère ».

Cinquième mouvement : le triomphe

*En bref : le nouveau produit français est un énorme **succès** qui surprend le géant américain, United Paper. Young, l'un des dirigeants de United Paper, propose donc d'**investir** chez Ravoire et Dehaze, espérant **absorber ce concurrent** dans la compagnie américaine. Benoît refuse, souhaitant écraser son adversaire. Seulement l'entreprise française est **freinée dans son expansion** fulgurante car la banque ne peut pas lui prêter davantage. Pendant ce temps, les employés qui sont de la « **vieille école** » sont **écartés de l'entreprise.***

(Tableau 1) Couloirs

Cohen, Madame Bachevski et Madame Alvarez

Cohen note une amélioration de la relation entre les deux directrices. En réalité, elles se forcent à se dire bonjour. Selon Madame Alvarez, Madame Bachevski lèche les bottes des nouveaux chefs de l'entreprise.

(Tableau 2) Collège de France

Monsieur Onde

Le professeur raconte le mythe du loup Fenrir : ce loup était destiné à dévorer les dieux. Pour éviter cela, Odin lui passa une laisse autour du cou. Alors, les dieux se moquèrent du loup pris au piège. Ce mythe serait le reflet de la décadence morale de la société.

(Tableau 3) Salle de réunion

L'équipe marketing et Jaloux (concepteur de pubs)

Jaloux présente la campagne de pub qui lancera le produit « Mousse et Bruyère ». L'idée est de faire croire au consommateur qu'il est malheureux et que ce nouveau papier toilette va améliorer son quotidien.

(Tableau 4) Boîte de jazz

Alex et Jiji

Les fiancés remarquent que les musiciens de jazz ont quitté les lieux. Cependant, ils s'en moquent car la boîte continuera à tourner grâce aux consommations vendues et aux happenings (performances artistiques qui surprennent le spectateur, totalement nouvelles en France à l'époque où la pièce est écrite) de Jiji.

(Tableau 5) Lit de Margerie

Margerie et Olivier

Margerie (qui est désormais en couple avec Olivier) propose à Olivier de revendre ses parts de l'entreprise à Benoît, en échange de la collection d'antiquités de leur père. Avec l'argent gagné, Margerie espère partir vivre à San Francisco avec Olivier.

(Tableau 6) Bureau de Madame Alvarez

Madame Alvarez, Madame Bachevski, Grangier et Dutôt

Les personnages discutent du succès de « Mousse et Bruyère » : les commandes explosent.

(Tableau 7) Salle de réunion

Benoît, Grangier et l'équipe marketing

Benoît estime que l'entreprise n'a pas d'autre choix que de grossir. Il demande donc à son équipe de trouver de nouvelles idées pour multiplier les ventes de papier toilette.

(Tableau 8) Chez Lépine Frères

Madame Lépine et Lubin

Madame Lépine passe une grosse commande du nouveau produit, affirmant que « Mousse et Bruyère » se vend bien mieux que « Softies ». Ensuite, Lubin parle du mariage de sa fille Jiji avec Alex. Il s'en réjouit car Alex a l'air d'être un « gentil garçon » pas du tout juif. Enfin, Lubin annonce son départ de l'entreprise. En effet, il a refusé d'être relégué à l'usine et a donc démissionné. Il déplore la cupidité des nouveaux dirigeants.

(Tableau 9) Bureau du président

Benoît, Grangier et Madame Bachevski

Madame Bachevski, jugée « has been », est gentiment poussée par Benoît à prendre une retraite anticipée… Passemar est appelé dans le bureau. Craignant d'être le maillon faible du service marketing et donc d'être licencié, Passemar préfère prendre les devants et faire son autocritique. Benoît ne le met pas à la porte mais le replace à son ancien poste. Passemar sait que sa carrière restera sur cet échec. Il espère donc que sa pièce de théâtre sera un succès pour qu'il puisse se reconvertir dans l'art.

(Tableau 10) Bar du Plaza-Athénée

Benoît et Young (président de United Paper Europe)

Young a invité Benoît à boire un verre afin de lui proposer d'investir dans Ravoire et Dehaze. En effet, United Paper n'a plus intérêt à détruire l'entreprise française qui a désormais un grand potentiel de croissance : les Américains veulent donc l'acheter pour récupérer une partie des profits. Benoît refuse, pensant qu'il peut trouver de l'argent autrement pour continuer son expansion et détruire la concurrence.

(Tableau 11) Dans un lit

Benoît et Jenny

Benoît demande à Jenny de l'épouser (alors qu'on découvre tout juste qu'il couche avec elle). Il imagine racheter la part d'Olivier dans l'entreprise, revendre l'entreprise quand elle vaudra plus chère et monter une nouvelle affaire avec Jenny. Jenny lui propose de se lancer dans la vente de perruques, en créant chez les femmes le besoin de changer d'apparence à l'infini.

(Tableau 12) Bureau du président

Benoît au téléphone avec Ausange

Benoît demande un énorme crédit à la banque pour continuer à développer l'entreprise et écraser les Américains. Ausange refuse.

(Tableau 13) La boîte de jazz

Alex et Jiji

Alex semble désespéré par les nouvelles personnes qui fréquentent sa boîte. Il propose à Jiji de la transformer en chambre à gaz (oui, comme dans les camps de concentration nazis : cette proposition glauque montre à quel point le personnage d'Alex est traumatisé par la guerre)… Benoît et Jenny entrent. Benoît adore ce que l'endroit est devenu. Il complimente Alex qui, bien que nonchalant, est selon lui un « excellent homme de marketing ».

Sixième mouvement : le festin de mariage

*En bref : Benoît et tous les employés célèbrent la **fusion de Ravoire et Dehaze avec United Paper** qui a finalement absorbé l'entreprise française. Jiji et Alex profitent de la cérémonie pour fêter leur propre mariage. Benoît annonce qu'il va se lancer dans une nouvelle affaire avec Jenny. Olivier, quant à lui, va se marier avec Margerie et créer une entreprise aux Etats-Unis en misant sur la « french touch ».*

Ce dernier mouvement est composé d'un unique tableau : une salle des fêtes. Différents personnages prennent la parole successivement devant l'assemblée. Leurs dialogues sont entrecoupés par des bribes de conversation qui viennent de la foule.

Dans les bribes de conversation, on apprend que Madame Bachevski a été atteinte d'une hémiplégie (paralysie de la moitié du corps) deux mois après sa mise à la retraite.

Lubin, qui a démissionné, profite du festin pour fêter son pot de départ. Il est invité par Benoît à faire un discours. Il remercie tout le monde et se réjouit du cadeau de mariage offert à sa fille Jiji : un mixeur Moulinex. Madame Lépine pleure le départ de Lubin.

Ensuite, Benoît annonce qu'Alex va rejoindre l'entreprise pour créer un service merchandising (le merchandising vise à optimiser la présentation des marchandises afin de pousser les consommateurs à les acheter). Selon Benoît, le mariage d'Alex et Jiji annonce la prospérité de l'entreprise. Alex fait un étrange discours où il explique qu'il est en train de tomber dans la « fosse à merde » mais qu'il n'a pas su résister à la tentation de cette « vie normale ».

Par la suite, Olivier annonce son départ et son mariage avec Margerie. Ils veulent créer un institut de beauté à San Francisco en jouant sur le charme français. Comme symboles de la beauté française, Margerie emporte avec elle les jolies tabatières Louis XV de Fernand Dehaze.

Benoît reprend la parole pour annoncer que ses jeunes loups (Saillant,

Peyre et Dutôt) sont promus. Il annonce également le « recyclage » de Cohen dans l'informatique.

Madame Bachevski est invitée à prendre la parole. Désormais plongée dans le vide de la retraite, elle remercie l'entreprise à laquelle elle a consacré sa vie...

Enfin, Benoît et Jenny annoncent leur mariage et la création de leur société de perruque. Ils annoncent également la fusion de Ravoire et Dehaze avec United Paper. Young est donc invité à faire un discours : il explique que le personnel de Ravoire et Dehaze a été acheté et fait désormais partie de la grande famille United Paper (qui prend donc le contrôle de l'entreprise française, tout en lui permettant de se développer).

À la fin du mouvement, Passemar s'adresse au lecteur/au public. Il lit une lettre de motivation comme s'il cherchait un nouveau travail. En effet, il ne sait pas s'il pourra rester dans l'entreprise suite à la fusion. Puis Monsieur Onde prend la parole pour rappeler la fin de l'histoire entre les Ases et les Vanes : après la guerre, qui n'a aucun vainqueur, ils signent une paix qui durera toujours...

Le mot de la fin

J'espère que cet ouvrage t'aura aidé à mieux comprendre les œuvres de cette année, et surtout à te motiver à travailler le Français-Philosophie.

Restons quand même réaliste : tu ne peux pas te permettre de passer la majorité de ton temps sur cette matière. Tu prépares un concours, et il faut mettre 95% de ton énergie sur les matières scientifiques. Alors oui, le Français-Philosophie peut devenir plaisant à apprendre. Mais tu ne peux pas te permettre de passer du temps à apprendre des choses qui ne vont pas te faire gagner des points. Je le répète encore et encore : avoir beaucoup de culture n'est pas utile pour réussir l'épreuve de la dissertation.

Donc garde bien en tête que chaque minute doit être rentabilisée. Pour cela, identifie ce qui va te faire gagner des points et focalise-toi sur les informations les plus importantes.

Si tu as le budget, tu peux rejoindre notre programme en ligne pour mettre toutes les chances de ton côté. Tu pourras gagner beaucoup de temps et être plus serein pour les concours. Le Français-Philosophie pourrait même devenir la matière qui te permettra de faire la différence.

Le Joker

Mets toutes les chances de ton côté pour réussir en Français-Philosophie

https://www.prepa-up.com/joker

Bien entendu, tu peux aussi te débrouiller par toi-même et quand même progresser rapidement. Le plus important est de travailler efficacement. Pour cela, le mieux est de suivre les étapes présentées dans le chapitre « Adopter la bonne stratégie ».

Quel que soit ton choix, nous te souhaitons bonheur et réussite.

À bientôt 🙂

Achevé d'imprimer en juillet 2022
sur les presses de la Nouvelle Imprimerie Laballery – 58500 Clamecy
Dépôt légal : août 2022 N° d'impression : 204137
Imprimé en France

La Nouvelle Imprimerie Laballery est titulaire de la marque Imprim'Vert®

Hiltrud Pitz-Thissen

Fimo

Kneten, Modellieren, Backen

ENGLISCH VERLAG

Die Deutsche Bibliothek – CIP-Einheitsaufnahme
Fimo : Kneten, Modellieren, Backen / Hiltrud Pitz-Thissen. - Wiesbaden : Englisch, 1999
ISBN 3-8241-0926-3

ISBN 3-8241-0926-3

Titelbild: Frank Schuppelius; Fotos: Susanna Héraucourt-Multer
Printed in Spain

Inhaltsverzeichnis

Vorwort

Fimo ist eine leicht zu handhabende und vielseitige Modelliermasse, die sich im eigenen Backofen härten lässt. Das Material gibt es in vielen verschiedenen Farben, die untereinander mischbar sind, mit Glitter-Effekt, transparent oder mit Millefiori-Dekor.

Das kreative Arbeiten mit Fimo macht nicht nur Spaß, sondern das Formen und Kneten der Modelliermasse kann gleichzeitig Beruhigung und Entspannung nach einem anstrengenden Arbeitstag bedeuten.

Viele Gegenstände, die alt und abgenutzt aussehen, wie z. B. ein in der Spülmaschine unansehnlich gewordenes Glas oder ein schlichtes, ungenutztes Tablett, lassen sich auf diese Weise verschönern und finden wieder Verwendung. So lassen sich mit Fimo zauberhafte Geschenkideen wie Schlüsselanhänger und Zierkorken oder schillernd bunte Windlichter herstellen. Zudem kann man mit Fimo, dem individuellen Geschmack entsprechend, im Handumdrehen zu jedem Kleidungsstück ein passendes Schmuckstück herstellen. Der Kreativität und Phantasie sind hierbei keine Grenzen gesetzt.

Viel Spaß beim Modellieren wünscht Ihnen Ihre

Hiltrud Pitz-Thissen

Material und Werkzeug

Zum Modellieren der vorgestellten Fimo-Objekte benötigen Sie folgendes Material und Werkzeug:

- Fimo
- Fimo Millefiori
- Fimo Mix Quick
- Fimo-Glanzlack oder Fimo-Mattlack
- Metallic-Farbpuder
- Klebstoff
- Backofenthermometer
- Modellierwerkzeug
- Glasplatte
- Messer und Cutter
- Draht
- Backpapier
- Nudelmaschine
- Schaschlikspieße, Holzstäbchen oder Stricknadeln
- Ausstechförmchen und Modellierförmchen
- Draht oder Holzstäbchen
- Teflonrolle oder glatte Glasflasche
- evtl. Nudelmaschine
- Lineal
- Blattgold, Anlegemilch, Schelllack
- Korken, Gläser, Lederbändchen etc.

Fimo ist eine bunte Modelliermasse, die sich im Backofen bei ca. 130 Grad Celsius in 25 bis 30 Minuten härten lässt.

Fimo Classic ist in 24 Farben erhältlich, die sich untereinander mischen lassen, sodass unendlich viele Farbvariationen möglich sind. Jeder Fimo-Block ist in 8 Portionen unterteilt, sodass individuelle Farbmischungen problemlos angefertigt werden können. Fimo Soft ist besonders leicht zu kneten und somit schnell modellierfähig, sodass gerade Anfänger oder Kinder einen schnellen Erfolg erzielen. Zusätzlich zu den 24 Basisfarben gibt es noch Effektfarben, d.h. Leuchtfarben, Metallfarben, Steinfarben und Transparentfarben. Fimo Classic und Fimo Soft lasssen sich auch untereinander mischen.

Nach dem Härten im Backofen ist Fimo abwaschbar und wasserundurchlässig. Mit Fimo-Glanzlack oder Fimo-Mattlack können die Fimo-Arbeiten anschließend mit einer schützenden Schicht versehen werden und die leuchtenden Farben werden noch brillanter.

Grundanleitung

Vor dem Verarbeiten wird Fimo so lange geknetet, bis es elastisch und leicht formbar ist. Schneiden Sie hierzu kleine Stücke von dem Fimo-Block ab und kneten Sie diese in der Hand weich. Die Handwärme lässt das Material schnell geschmeidig werden. Altes und brüchig gewordenes Fimo kann durch das Einmischen von Mix Quick, einer speziellen Knethilfe, wieder leichter verarbeitet werden.
Wichtig ist, besonders beim Arbeiten mit hellen Farben und mit Fimo-Transparent, dass Ihre Hände immer sauber sind.
Durch **Mischen der Grundfarben** sind weitere Farbvarianten möglich. Entweder kneten Sie Fimo-Stücke von zwei unterschiedlichen Farben so lange zusammen, bis ein einheitlicher Farbton entstanden ist, oder Sie formen Rollen aus zwei Farbtönen und drehen diese zu einer Kordel zusammen. Danach wird die Kordel zu einer Platte ausgerollt, die Platte erneut zu einer Rolle geformt und anschließend ausgewalzt. Wenn Sie diesen Vorgang einige Male wiederholen, vermischen sich die beiden Farbtöne so miteinander, dass ein neuer Farbton entsteht; z.B. lässt sich aus Magenta und Ultramarinblau ein Lila herstellen oder Hellgrün entsteht aus weißem und grünem Fimo. Möchten Sie Farbverläufe herstellen, mischen Sie, z. B. für Orange, zunehmend mehr Gelb zu rotem Fimo (siehe Motiv „Windlicht Papagei“).
Wenn das Fimo weich geknetet ist, kann es geformt und modelliert werden. Mit unterschiedlichem Modellierwerkzeug kann die Oberfläche bearbeitet und strukturiert werden. Für viele Vorschläge benötigen Sie **Fimo-Platten**, aus denen sich auch verschiedene andere Formen arbeiten oder ausstechen lassen. Als Arbeitsunterlage beim Ausrollen zu Platten, Strängen, Rollen usw. eignen sich Glasplatten, auf denen Sie auch, im Gegensatz zu Kunststoffunterlagen, Ihre Fimo-Arbeiten zum Brennen in den Ofen schieben können. Nach dem Erkalten lässt sich das Fimo leicht von der Glasplatte lösen. Ausgerollt werden Fimo-Platten mit einer Teflonrolle, Sie können statt der Teflonrolle aber auch eine Flasche, ein Glas oder einen runden Bleistift mit jeweils glatter Oberfläche verwenden. Mit einer Nudelmaschine lassen sich Fimo-Platten und -Streifen mühelos und schnell in genau zu bestimmenden Größen und Breiten herstellen. Dennoch ist die Maschine nicht unbedingt notwendig.
Mit Fimo-Platten lassen sich z. B. Gläser oder Windlichter verkleiden. Das Fimo wird zuerst dünn ausgerollt und dann auf den zu verzierenden Gegenstand gelegt. Nun werden die sich überlappenden Teile abgeschnitten und die Ränder und Kanten mit dem Finger verstrichen.
Zum Herstellen von **Perlen** formen Sie aus Fimo eine entsprechend große Kugel, deren Oberfläche Sie weiterhin mit Fimo verzieren können. Mit einem Holzstäbchen oder einem Draht durchstoßen Sie die Kugel bzw. den Zylinder, um die Perle später auffädeln zu können.
Um eine metallisch glänzende Oberfläche zu erzielen, können Sie Fimo mit **Metallic-Farbpuder** bestäuben. Das Auftragen des Pulvers mit Hilfe eines Pin-

sels schließt die Oberfläche des Fimo und macht sie so glatt, dass nichts mehr daran haftet. Tragen Sie deshalb das Pulver immer nur unmittelbar vor dem Härten auf, wenn Sie sicher sind, keine weiteren Elemente aufmodellieren zu wollen.

Zum **Härten der Modelliermasse** stellen Sie Ihren Backofen auf 130 Grad Celsius ein. Prüfen Sie die eingestellte Temperatur mit dem Backofenthermometer. Die Temperatur darf nicht zu hoch sein, da sich bei zu hoch gebranntem Fimo die Farben verdunkeln. Nun geben Sie den fertig modellierten Gegenstand auf einer geeigneten Unterlage, z.B. Alu-Folie oder einer Glasplatte, in den Ofen. Nach ca. 25 bis 30 Minuten ist das Fimo ausgehärtet und kann herausgenommen werden. Nach dem Erkalten ist der endgültige Härtegrad erreicht, d.h. der Gegenstand kann weiterverarbeitet werden, z.B. mit einer Lackierung.
Mit Fimo verziertes Glas, Porzellan oder ähnliches Material sollte in den kalten Backofen gestellt werden, damit es sich langsam auf die Endtemperatur erwärmen kann und Schäden am Material vermieden werden. In diesem Fall ist die Aufwärmzeit der eigentlichen Härtezeit hinzuzurechnen. Zum Härten von Perlen stellen Sie zwei gleich große Gläser in den Ofen und hängen die Perlen auf einem Holzspieß aufgereiht dazwischen. So vermeiden Sie Druckstellen und Unregelmäßigkeiten an den Perlen.

Marmorieren

Eine reizvolle Technik ist das Marmorieren. Formen Sie Fimo in zwei Farbtönen zu schmalen Rollen und verdrehen Sie diese zu einer Kordel.

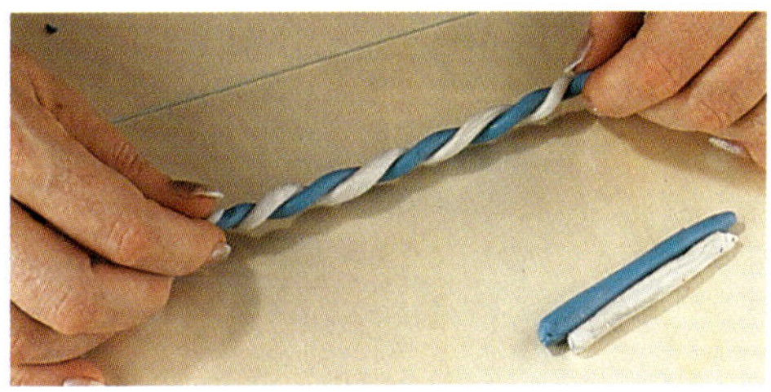

Danach wird die Kordel mit der Teflonrolle oder einer Flasche zu einer Platte ausgerollt.

Um die Marmorierung noch feiner zu gestalten, wird die Platte erneut zu einer Rolle geformt und anschließend ausgewalzt. Wenn Sie diesen Vorgang zu oft wiederholen, vermischen sich die beiden Farbtöne so miteinander, dass die Marmorierung wieder verschwindet.

Die Millefiori-Technik

Millefiori ist als Fertigprodukt im Fachhandel erhältlich, es kann aber auch selbst in vielen verschiedenen Variationen hergestellt werden. Bei dieser Technik, sowie bei allen anderen feineren Arbeiten, empfehle ich Fimo Klassik, da sich die erzeugten Muster nicht so schnell vermischen.
Formen Sie aus weich geknetetem Fimo einer Farbe eine dünne Rolle und aus andersfarbigem Fimo vier dünne Rollen. Fertigen Sie nun aus einer dritten Farbe ca. 2-3 mm dicke Platten, die Sie auf die Länge und den Umfang der Rollen zuschneiden. Legen Sie die Fimoplatte so um die fünf Rollen, dass diese wie ein Mantel umgeben werden. Ordnen Sie die Rollen so an, dass in der Mitte die andersfarbige Rolle liegt. Die fünf Rollen werden nun nacheinander mit weiteren Fimoplatten ummantelt. Anschließend können dünne Scheiben (2 - 3 mm dick) von der Rolle abgeschnitten und weiterverarbeitet werden.

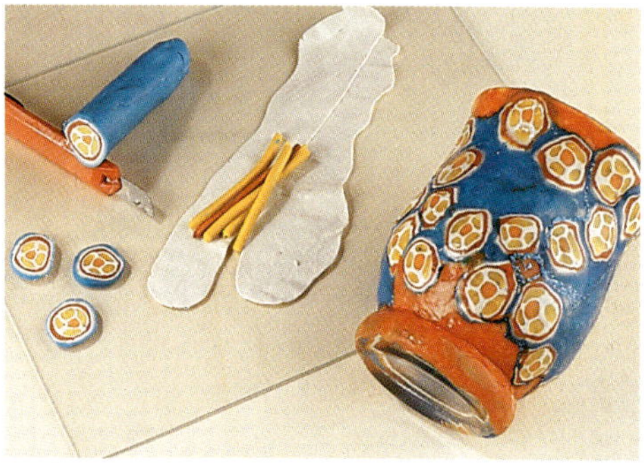

In unserem Beispiel wurden Millefiori-Scheiben zusammen mit blauem und orangefarbenem Fimo ausgewalzt. Dabei kann an einigen Stellen etwas Glitter miteingearbeitet werden.
Aufwendigere Millefiori-Muster entstehen, wenn Sie die Rolle zu einem ca. 50 cm langen Strang ausrollen und diesen in vier gleich lange Teile schneiden. Diese werden so angeordnet, wie auf dem Foto ersichtlich, und zu einer neuen Rolle geformt. Rollen Sie die Stücke so lange zwischen den Händen bzw. auf einer glatten Fläche, bis sich eine Rolle mit glatter Oberfläche bildet. Von dieser Rolle können nun dünne Millefiori-Scheiben abgeschnitten werden.

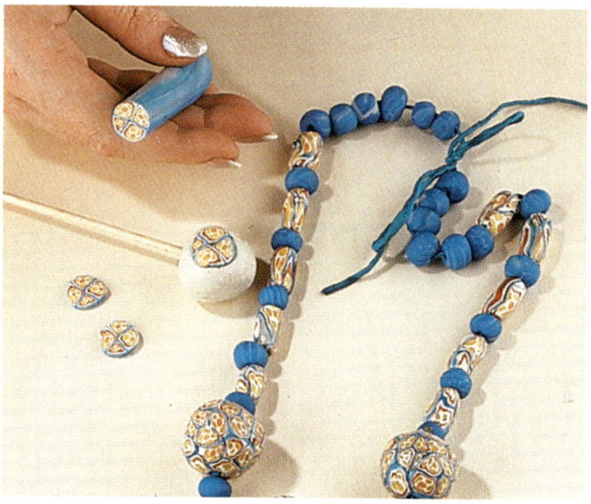

Mit Millefiori-Scheiben lassen sich auf einfache Weise Perlen verzieren. Formen Sie hierfür aus weißem Fimo eine entsprechend große Kugel oder verwenden Sie eine zylindrische Form, auf deren Oberfläche Sie die Scheiben legen. Die Scheiben werden durch Rollen der Kugel oder des Zylinders auf einer glatten Fläche eingearbeitet. Mit einem Holzstäbchen oder einem Draht durchstoßen Sie schließlich die Kugel, um die Perle später auffädeln zu können, und härten sie gemäß Anleitung S. 8.

Tipp:
Sachgerecht aufbewahrtes Fimo (z. B. in Polyäthylenbeuteln, in Alu-Folie oder in Blechdosen) kann immer wieder weich geknetet und modelliert werden.

Schlüsselanhänger

Material für die Bärchen:
- Fimo in Metallic-Blau und Metallic-Grün
- Modellierform „Bärchen"
- Draht
- Schlüsselanhänger
- Fimo-Glanzlack

Anleitung:
Im Fachhandel erhalten Sie eine Modellierform mit Bärchenmotiv, die Ihnen das Herstellen der lustigen Schlüsselanhänger vereinfacht, Sie können die Bärchen aber auch mit der Hand modellieren. Drücken Sie das Fimo in die Form und nehmen Sie es anschließend wieder heraus. Arbeiten Sie ein ca. 6 cm langes Stück Draht mit ein, von dem nur eine kleine Schlaufe zu sehen ist. Nachdem das Bärchen im Backofen gehärtet wurde, befestigen Sie den Schlüsselanhänger an der Drahtschlaufe. Zuletzt kann das Fimo mit Glanzlack überzogen werden.

Material für das Herz:
- Fimo in Grün
- Fimo Millefiori Motiv Katze
- Lederband
- Ring

Anleitung:
Formen Sie aus grünem Fimo ein Herz und schneiden Sie 3 etwa 2 mm dicke Scheiben von der Millefiori-Rolle ab. Legen Sie diese Scheiben auf das Herz und verstreichen Sie das Fimo vorsichtigt mit dem Finger, sodass die Oberfläche wieder glatt wird. Vor dem Brennen bohren Sie ein Loch, z. B. mit einer Stricknadel, durch das Herz.

Nach dem Aushärten wird das Lederband mit dem Ring durchgezogen und unterhalb des Herzens verknotet.

Zierkorken „Obst" und „Rose"

Material für das Obst:
- Fimo in Gelb, Orange, Weiß, Marineblau und Grün

Material für die Rose:
- Fimo in Orange, Rot und Dunkelgrün
- Korken

Anleitung:
Formen Sie die Orange und die Zitrone, wie in der Abbildung zu sehen, die Oberflächenstruktur der äußeren Haut wird mit einem Modellierstäbchen durch Einarbeiten von Dellen und Rillen erzeugt. Für die halbierten Früchte stellen Sie der Abbildung gemäß jeweils dünne Scheiben aus gelbem bzw. orangefarbenem Fimo her und setzen für die Adern des Fruchtfleisches weißes Fimo dazwischen. Mischen Sie sich für die Blätter bzw. die Grundplatte einen grünen Farbton aus Marineblau und Grün bzw. Gelb und Grün (s. Anleitung S. 7). Nun werden die Früchte aneinander gesetzt.
Mischen Sie für die Rose Orange und Rot, rollen Sie einen dünnen, ca. 3 cm langen und 1 cm hohen Streifen aus

und drehen Sie daraus eine Spirale. Um diese Spirale herum arrangieren Sie ca. 15 entsprechend große Blütenblätter. Anschließend werden die äußeren Blätter modelliert und befestigt.
Drücken Sie die Zitrone, die Orange und die Rose auf einen Korken und härten Sie die Verschlüsse anschließend, jedoch ohne den Korken, im Backofen. Nach dem Aushärten können die Flaschenverschlüsse auf die Korken geklebt werden.

Fimo-Kerze

Material:
- Fimo in Weiß, Metallic-Grün und Metallic-Blau
- Kerzen-Gel in Blau
- kleine transparente Glasperlen
- 1 Glas

Anleitung:
Marmorieren Sie, wie in der Anleitung S. 8 beschrieben, die Farben Weiß, Metallic-Grün und Metallic-Blau ineinander und formen Sie kleine Kügelchen. Anschließend werden die Kugeln im Backofen gehärtet. Bedecken Sie den Boden des Wasserglases mit den Glasperlen und füllen Sie langsam das Kerzen-Gel ein. Richten Sie sich hierbei nach den Angaben des Herstellers. Nach und nach werden die Fimokugeln eingelegt. Zuletzt wird der Docht in das noch flüssige Kerzen-Gel gehängt. Sollten die unteren Schichten des Gels schon zu fest sein, können Sie ein Loch mit einer Stricknadel vorbohren.
Warnhinweis: Vermeiden Sie es, die Dekorationsartikel direkt neben den Docht zu legen, damit sie beim Abbrennen der Flamme unbeschädigt bleiben.

Platzieren Sie sie immer nah an der Glaswandung, so kommen sie auch in dem Kerzen-Gel besser zur Geltung. Beachten Sie beim Abbrennen der Kerze, dass Sie sie auf eine nicht entflammbare Unterlage stellen, da sich das Glas nach längerer Brenndauer aufheizen kann. Löschen Sie die Flamme immer, bevor diese die eingetauchten Dekorationsartikel erreicht, damit diese nicht anbrennen können. Lassen Sie die Kerze nicht unbeaufsichtigt abbrennen.

Osterei

Material:

- Fimo in Hellgrün, Mint, Blau, Flieder, Blaugrün und Schwarz
- ein ausgeblasenes Ei
- Streichholz und Nähgarn

Anleitung:

Hier wurde ein echtes Hühnerei in der Millefiori-Technik ummantelt, ein Ei aus Kunststoff würde im Ofen schmelzen.
Blasen Sie das Ei aus und waschen Sie es innen und außen ab, sodass keine Eigelb- und Eiweißreste verbleiben.

Rollen Sie nun aus Hellgrün, Mint, Blau, Flieder und Blaugrün ca. 5 mm dicke Rollen aus und ummanteln Sie diese jeweils mit schwarzem Fimo (siehe Anleitung S. 9). Drücken Sie die Rollen zu einer dicken Rolle zusammen, schneiden Sie von dieser Rolle dünne Scheiben ab, setzen Sie sie zu einer Platte zusammen und walzen Sie sie aus.

Mit dieser Platte wird anschließend das Ei vorsichtig dekoriert und zum Schluss im Backofen gehärtet. Knoten Sie zuletzt einen Faden an ein kleines Stück Streichholz und schieben Sie es in das obere Loch des Eies.

Kantenhocker

Material:

- Fimo in Weiß, Grün und Rot
- wasserfeste Stifte (z.B. Terrakotta-Pen)
- Draht
- Holz
- Fimo-Mattlack

Anleitung:

Modellieren Sie um ein Stück Holz mit weißem Fimo den Entenkörper. Stellen Sie dafür das Holz so auf eine Kante, dass Sie den heruntergebeugten Kopf problemlos formen können.

Anschließend wird aus rotem und grünem Fimo die Rose separat geformt, indem Sie einen dünnen Streifen ausrollen und daraus eine Spirale drehen. Um diese Spirale herum arrangieren Sie ca. 15 entsprechend große Blütenblätter. In die Rose wird ein Stück Draht zur Stabilität miteingearbeitet. Beim Brennen sollte die Ente ebenfalls auf einer Kante sitzen.

Nach dem Brennen wird die Rose in den Schnabel der Ente geklebt und diese bemalt und lackiert.

Phantasievoller Schmuck

Kettenanhänger mit Blattgold

Material:

- Fimo in Schwarz und Granit
- Fimo Millefiori Motiv Rose und Blume
- Blattgold
- Anlegemilch
- Schelllack
- Kautschuk-Kette oder Lederband mit Verschluss

Anleitung:

Formen Sie aus schwarzem bzw. granitfarbenem Fimo den Anhänger, legen Sie dünne Millefiori-Scheiben darauf und verstreichen Sie das Fimo vorsichtigt mit dem Finger, sodass die Oberfläche wieder glatt wird. Vor dem Brennen bohren Sie ein Loch, z. B. mit einem Holzstäbchen, durch die Anhänger. Anschließend werden sie mit Blattgold verziert, indem Sie die Anlegemilch auftragen und nach der angegebenen Trockenzeit (siehe Herstellerangaben) Blattgold mit der Hand auflegen. Nach ca. 2 Stunden wird das überschüssige Blattgold mit einem Pinsel abgerieben und die Kettenanhänger mit Schellack versiegelt.

Kette und Ohrringe in Rot und Mint

Material:

- Fimo in Weiß, Mint, Rot-Metallic
- Fimo Millefiori Motiv Blümchen
- Ohrringe
- Kettendraht
- Kettenverschluss

Anleitung:

Ummanteln Sie sieben, aus weißem Fimo geformte Perlen mit etwa 2 mm dicken Millefiori-Scheibchen. Aus Rot-Metallic formen Sie, wie in der Abbildung ersichtlich, 4 Scheiben und 4 Perlen. Für die Ohrringe formen Sie aus weißem und mintfarbenem Fimo zwei Perlen, aus rotem Fimo zwei Tropfen und zwei kleine Perlen mit einem Durchmesser von 5 mm. Stechen Sie mit Draht Löcher in die Perlen. Biegen Sie vor dem Brennen für jeden Ohrring einen 5 cm langen Draht, der an einem Ende eine Öse bildet. Schieben Sie den Draht durch den gesamten Ohrring und schneiden Sie ihn am anderen Ende ab. Nach dem Aushärten werden an den Ösen die Ohrringe befestigt, die Perlen auf den Silberdraht gefädelt und der Kettenverschluss angebracht.

Schmuck mit Punkten

Material:

- Fimo in Blau-Metallic, Blau, Rot und Weiß
- Lederband
- Kettenverschluss
- Ohrringe
- Ring (Rohling)
- Fimo-Klarlack

Anleitung:

Stellen Sie die Perlen in der Millefiori-Technik her, wie auf Seite 9 beschrieben. Rollen Sie dafür aus allen Farben dünne Rollen und ummanteln Sie diese jeweils mit weißem Fimo. Diese Rollen werden zu einer dicken Rolle zusammengefasst, von der anschließend Scheiben abgeschnitten werden. Fertigen Sie nun weiße Kugeln und dekorieren Sie sie mit den Millefiori-Scheiben. Anschließend werden die Kugeln durchstochen. Bei den Ohrringen und dem Ring setzen Sie auf die blauen Stellen ein winziges Stückchen Metallic-Blau. Anschließend wird das Fimo im Backofen gehärtet. Ein interessanter Kontrast entsteht, wenn Sie die Millefiori-Perlen lackieren und die blauen unlackiert lassen.

Blaue Kette mit Blattgold

Material:

- Fimo in Mittel- und Dunkelblau und Weiß
- Blattgold
- Anlegemilch
- Schelllack
- Seidenband
- Kettenverschluss

Anleitung:

Marmorieren Sie die beiden Blautöne ineinander und formen Sie, wie aus der Abbildung ersichtlich, 11 Perlen in unterschiedlichen Größen. Durchstoßen Sie mit einem Holzspieß die Perlen, sodass sie Löcher erhalten. Nach dem Härten im Backofen legen Sie partiell Blattgold auf. Tragen Sie die Anlegemilch auf und legen Sie nach einer Trockenzeit (siehe Herstellerangaben) Blattgold mit der Hand auf. Nach ca. 2 Stunden wird das überschüssige Blattgold mit einem Pinsel abgerieben und die Perlen mit Schelllack lackiert.

Schmuck für Seidentücher

Material:

- Fimo in Weiß, Blau, Türkis (Steinfarbe) und Granit
- wasserfester Filzstift in Hellblau
- Goldmetallicpuder
- Glasmuschel

Anleitung:

Formen Sie aus weißem und granitfarbenem Fimo eine Eule und setzen Sie den Schnabel aus hellblauem Fimo an. Für das Muschelobjekt drücken Sie die Muschel aus Kunststoff in ein türkisfarbenes Stück Fimo, sodass ein Abdruck entsteht. In diesen Muschelabdruck tragen Sie etwas Goldpuder mit dem Pinsel auf. Bohren Sie anschließend mit einem runden Kugelschreiber oder Bleistift ein großes Loch (Durchmesser ca. 3 cm) in die Objekte, sodass das Seidentuch nach dem Aushärten durchgezogen werden kann. Nach dem Brennen im Backofen wird die Muschel mit etwas Klebstoff bestrichen, in den Schmuckanhänger gedrückt und die Augen der Eule aufgemalt.

Windlichter und Gläser

Windlicht in Blaugrün

Material:
- Fimo in Blau transparent, Grün transparent und Blau
- Ausstechform
- 1 Glas

Anleitung:
Rollen Sie eine Fimo-Platte mit einem Farbverlauf von Blau transparent nach Grün transparent aus (siehe Anleitung S. 7). Markieren Sie mit einem Filzstift am Glasboden und am oberen Glasrand den Anfang und rollen Sie das Glas von dort einmal auf der Fimo-Platte ab, bis Sie wieder die Markierung erreichen. Dies ist besonders bei konisch geformten Gläsern wichtig. Schneiden Sie nun entsprechend der Glasgröße die Fimoplatte aus.
Mit einem Cutter oder einer Ausstechform schneiden Sie Kreise, Dreiecke usw. aus, diese Motive werden auch aus einer blauen Fimoplatte ausgeschnitten. Platzieren Sie nun die blaugrüne Platte auf dem Glas und füllen Sie die auf dem Glas entstandenen Lücken mit den in Blau ausgestochenen Formen. Verstreichen Sie die Kanten und Übergänge mit den Fingern und härten Sie das Glas im Backofen.

Windlicht aus Fimo und Window-Color

Material:
- Fimo in Gelb, Orange, Rot, Blau, Grün und Flieder
- Window-Color Kristallklar
- 1 Glas

Anleitung:
Formen Sie eine Rolle aus rotem Fimo und ummanteln Sie diese anschließend nacheinander mit orangefarbenem, gelbem, grünem, blauem und fliederfarbenem Fimo. Schneiden Sie von dieser Rolle dünne Scheiben ab und dekorieren Sie sie auf dem Glas.

Nach dem Härten setzen Sie mit Window-Color kleine Pünktchen auf das Glas.

Buntes Windlicht

Material:
- Fimo in Gelb, Orange, Rot, Blau, Grün und Schwarz
- 1 Glas

Anleitung:
Formen Sie aus gelbem, orangefarbenem, rotem, blauem und grünem Fimo je eine ca. 8 mm starke Rolle und um-

manteln Sie jede mit Schwarz (siehe Anleitung S. 9). Arrangieren Sie die einzelnen Stränge zu einer neuen Rolle und verkneten Sie sie. Schneiden Sie anschließend 2 mm dünne Scheiben ab und stellen Sie davon eine Platte her, indem Sie die einzelnen Scheiben dicht nebeneinander auf eine Glasscheibe legen und mit der Teflonrolle glattrollen. Erstellen Sie für das Windlicht ein Schnittmuster des Glases (vgl. Anleitung „Windlicht in Blaugrün", S. 20) und legen Sie die entsprechend groß ausgeschnittene Platte um das Glas herum.
Zuletzt wird das Windlicht im Backofen gehärtet.

Mosaik-Windlicht

Material:

- Fimo in Rot, Gelb, Orange, Blau, Grün und Türkis
- Gießpulver (z. B. Ceramofix)
- Fimo-Klarlack
- 1 Glas

Anleitung:

Vermischen Sie die angegebenen Farben, sodass wie auf der Abbildung ersichtlich, Mischtöne entstehen. Rollen Sie ca. 2-3 mm dicke Platten aus und schneiden Sie daraus rechteckige und

dreieckige Stücke. Legen Sie nun die in Farbe und Form verschiedenen Plättchen mit etwa 1 mm Abstand direkt auf das Glas und drücken Sie sie gut an. Für den oberen und unteren Rand verwenden Sie einen entsprechend langen Streifen Fimo. Das fertig belegte Glas härten Sie im Backofen.
Nachdem das Fimo erkaltet ist, wird das Gießpulver mit Wasser cremig gerührt und in die Zwischenräume der Fimo-Mosaiksteinchen gestrichen. Überschüssiges Gießpulver können Sie grob mit den Fingern abwischen. Nach etwa 10 Minuten kann die Oberfläche mit einem angefeuchteten Tuch vorsichtig gesäubert werden.

Zuletzt wird das Windlicht mit Fimo-Klarlack überzogen.

Windlicht „Papagei"

Material:

- Fimo in Transparent, Gelb transparent, Rot transparent, Blau transparent, Orange transparent und Grün transparent
- 1 Windlicht

Anleitung:

Fertigen Sie zunächst eine Skizze für den Papagei und die Borte an und übertragen Sie diese mit einem Filzstift auf eine transparente Folie, z.B. auf eine Prospekthülle. Für den Papagei mischen Sie für den Schnabel Grün und Gelb, für die Brust Gelb und Orange. Rollen Sie nun alle Farben zu jeweils einer Platte (ca. 2-3 mm dick) aus. Legen Sie Ihre Motivvorlage auf eine der ausgerollten Fimo-Platten, z.B. auf die gelbe Platte. Mit dem Modellierstab fahren Sie die Konturen aller Elemente nach, die gelb werden sollen. Nehmen Sie die Folie ab und schneiden Sie die markierten Teile aus. Entsprechend verfahren Sie mit den weiteren Farben. Die ausgeschnittenen Teile legen Sie entsprechend Ihrer Skizze auf ein Backpapier und drücken sie gut an. Zwischen die einzelnen Farben platzieren Sie, wie in der Abbildung zu sehen, winzige Röllchen in Schwarz und rollen noch einmal über das Bild. Die Ränder des Glases werden ebenso hergestellt, Sie können aber auch fertige Millefiori-Rollen verwenden.
Tragen Sie anschließend die Fimo-Platten auf das Glas auf und verstreichen Sie die Kanten und Ränder. Anschließend wird das Windlicht im Backofen gehärtet.

Vasen und Dosen

Schmuckdose

Material:
- Fimo in Grau und Weiß
- Metallicpuder in verschiedenen Farben
- Metallstanzteile in Baum- und Schwanform
- 1 Blechdose (Bonbondose)

Anleitung:
Ummanteln Sie den Dosendeckel einer Blechdose mit grauweißem Fimo und ritzen bzw. prägen Sie mit einem Modellierstab eine Landschaft ein.

Anschließend wird die Landschaft mit dem Metallicpuder farbig gestaltet (siehe Anleitung S. 7). Nun können die Metallstanzteile aufgeklebt werden und das Fimo wird im Backofen gehärtet.

Vase und Schale „Strandgut"

Material:
- Fimo in Dunkelblau, Blau und Weiß
- Muscheln
- 1 Modellierform Seestern
- Glaskugeln
- Knoblauchpresse
- 1 Vase
- 1 Schale

Anleitung:
Kleben Sie die Muscheln und Glaskugeln mit Klebstoff auf die Vase und die Schale. Marmorieren Sie das Fimo und legen Sie die dünn ausgewalzte Platte um die Muscheln herum.
Für die dünnen Stränge wird sehr weich geknetetes weißes Fimo durch eine Knoblauchpresse gedrückt. Zusätzlich wird

eine dünne Rolle weißes Fimo und eine aus blauem Fimo verdreht, ebenfalls aufgelegt und angedrückt.

Drücken Sie die dunkelblaue Modelliermasse in die Seestern-Form und befestigen Sie den Seestern auf der Schale. Überprüfen Sie nach dem Aushärten, ob die Fimo-Elemente gut am Porzellan haften, ansonsten können Sie sie mit Klebstoff festkleben.

Vase in Blau und Mint

Material:

- Fimo in 3 verschiedenen Blautönen, Mint, Grün und Schwarz
- 1 Glasvase

Anleitung:

Formen Sie aus den verschiedenen Blautönen, dem Mint und Grün je eine ca. 5 mm starke Fimorolle und ummanteln Sie diese mit Mint (siehe Anleitung S. 9). Die Rollen des unteren und oberen Drittels der Vase werden mit Schwarz ummantelt. Schneiden Sie nun von diesen beiden Millefiori-Rollen etwa 2 mm dünne Scheiben ab und stellen Sie davon eine Platte her, indem Sie die einzelnen Scheiben dicht nebeneinander auf eine Glasscheibe legen und mit der Teflonrolle glattrollen. Legen Sie diese Platte auf die Vase.

Den oberen und unteren Abschluss bildet jeweils ein mintfarbener Streifen. Verstreichen Sie mit dem Finger die Kanten, bis sich die Oberfläche glatt anfühlt, und härten Sie die Vase im Ofen.

Kleine Vase

Material:
- Fimo in Weiß, Braun, Grau, Rot, Blau und Schwarz
- Fimo Millefiori Motiv Stern
- Goldbronze-Pulver
- 1 Porzellanvase

Anleitung:
Mischen Sie die Farben Weiß, Braun und Grau und rollen Sie eine dünne Platte aus. Legen Sie auf die Platte Millefiori-Scheiben und rollen Sie die Platte erneut aus.
Belegen Sie nun die Vase mit dem Fimo, schneiden Sie überschüssige Modelliermasse ab und verstreichen Sie die Ränder.
Vor dem Härten wird teilweise Goldbronze-Pulver aufgelegt, um der Vase ein antikes Aussehen zu verleihen.

Metall-Tablett

Material:

- Fimo in Weiß, Gelb, Blaugrün, Anthrazit-Metallic und Schwarz
- Metall-Tablett

Anleitung:

Formen Sie aus den verschiedenen Farben unterschiedlich starke Rollen und ummanteln Sie jede mit Schwarz (siehe Anleitung S. 9). Arrangieren Sie die einzelnen Stränge zu einer neuen Rolle und schneiden Sie anschließend 2 mm dünne Scheiben ab. Stellen Sie hiervon eine Platte her, indem Sie die einzelnen Scheiben dicht nebeneinander auf eine Glasscheibe legen und mit der Teflonrolle glattrollen. Legen Sie nun die Platte auf das Tablett und drücken Sie sie fest. Anschließend wird das Tablett im Ofen gehärtet.

Blaues Mosaik-Tablett

Material:

- Fimo in 3 verschiedenen Blautönen, Türkis und Grün
- Gießpulver (z. B. Ceramofix)
- Fimo-Klarlack
- ein blaues Tablett

Anleitung:

Rollen Sie aus den drei verschiedenen Blautönen, dem Türkis und dem Grün jeweils ca. 2-3 mm dicke Platten aus und schneiden Sie daraus rechteckige Stücke. Legen Sie die Plättchen zum Härten im Backofen auf Backpapier. Wenn das Fimo erkaltet ist, kleben Sie die Plättchen mit einem Abstand von 1 mm auf das Tablett. Anschließend wird das Gießpulver mit Wasser cremig gerührt und in die Zwischenräume der Fimo-Mosaiksteinchen gestrichen. Überschüssiges Gießpulver können Sie grob mit den Fingern abwischen. Nach etwa 10 Minuten kann die Oberfläche mit einem angefeuchteten Tuch vorsichtig gesäubert werden. Zuletzt wird das Tablett mit Fimo-Klarlack überzogen.

Tablett im Tiffany-Effekt

Material:

- Fimo transparent in 6 Farbtönen
- Fimo Millefiori Motiv Maikäfer und Sonne
- Holzrahmen in Schwarz

Anleitung:

Dieses Tablett besteht eigentlich aus einem Bilderrahmen, daher kann man es natürlich auch als Bild an die Wand hängen. Fertigen Sie zunächst mit einem Filzstift eine Motivvorlage auf einer transparenten Folie passend zur Größe des Rahmens an. Rollen Sie die verschiedenen Farbtöne zu jeweils einer Platte (ca. 2-3 mm dick) aus. Legen Sie Ihre Vorlage auf eine der ausgerollten Fimo-Platten, z. B. auf die rote Platte. Mit dem Modellierstab fahren Sie die Konturen aller Elemente nach, die rot werden sollen. Nehmen Sie die Folie ab und schneiden Sie die markierten Teile aus. Diese Teile legen Sie entsprechend Ihrer Vorlage auf Backpapier und drücken sie gut an. Verfahren Sie ebenso mit den anderen Farben. Wenn Sie Ihr Bild fertiggestellt haben, rollen Sie aus schwarzem Fimo dünne Schnüre. Durch Aufsetzen dieser Schnüre trennen Sie die Elemente optisch voneinander. Zusätzlich können Details aufgesetzt und dekoriert werden. Nach dem Härten kleben Sie das Fimo mit Klebstoff in den Holzrahmen ein. Die beiden Kuppelelemente werden genauso gearbeitet und zuletzt auf den Rahmen geklebt.